KB264500

기질을 적용한 교실 정원

STA 기질교육중재전문가 가이드북

기질을 적용한 교실 정원

『기질을 적용한 교실 정원』
출간을 축하하며

영유아 교육 현장은 언제나 아이의 발달을 돕고자 하는 깊은 열정으로 가득하지만, 때로는 우리가 알고 있는 발달이론과 심리이론만으로는 쉽게 이해되지 않는 아이들을 마주하게 됩니다. 저 역시 이러한 한계를 극복하고자 유아교육과 아동심리 두 영역에서 전문성을 쌓고, 긍정훈육과 감정코칭을 비롯한 다양한 접근을 현장에서 성실히 적용해 왔습니다. 그럼에도 기존의 어떤 방식에도 반응하지 않는 아이들을 만날 때마다 교사들과 함께 깊은 고민과 좌절을 반복할 수밖에 없었습니다.

이 시기에 최은정 소장님의 『육아 고민? 기질 육아가 답이다!』를 통해 기질을 보다 깊이 있게 이해하기 시작했고, 아이들의 반응 양식과 정서·행동 패턴을 기질의 관점으로 바라보게 되면서 교육 현장이 조금씩 달라지기 시작했습니다. 기질에 맞는 방식으로 접근했을 때, 이전에는 변화를 보이지 않던 아이들에게서 마치 마법의 열쇠가 돌아가듯 미묘하지만 분명한 변화가 나타나는 경험을 하게 되었습니다.

이후 전문적인 기질 교육을 체계적으로 이어가며, 아이의 행동을 움직이는 기질의 핵심 욕구를 명확히 인식하고 이를 실제 교육현장에서 아이를 돕는 도구로 적용할 수 있게 되었습니다. 그 경험을 바탕으로 교직원 연수와 부모교육을 통해 기질 접근을 학급 운영과 가정 양육 전반으로 확산시켜 왔고, 기질 이해가 아이들에게 가져오는 긍정적인 변화를 수년간 꾸준히 확인해 왔습니다.

현장에서 기질을 적용하며 저는 기질이 단순히 아이의 특성을 나열하는 개념이 아니라, 아이의 정서와 행동을 움직이는 핵심 욕구를 읽어내는 정교한 도구임을 확인했습니다. 관용기질의 아이는 왜 완벽을 추구하는지, 교감기질의 아이는 관계 안정 속에서 어떻게 빠르게 회복하는지, 몰입기질의 아이는 왜 중단이 어려운지, 포용기질의 아이가 즐거움과 다양한 경험의 욕구를 통해 세상을 유연하게 배워나가는 방식에 대한 이해는 교사가 각 아이와의 상호작용에서 어떤 방향성을 갖고 접근해야 하는지에 대한 중요한 길잡이가 되어주었습니다.

모든 아이는 고유한 빛깔을 지니고 있습니다. 이렇게 고유한 빛깔을 지닌 아이의 기질을 존중하고, 그 기질에 맞는 방식으로 도우며 함께 성장해 가는 일이야말로 영유아 교육의 본질임을 다시 확인하게 되었습니다.

이러한 실천적 경험을 생각할 때, 『기질을 적용한 교실 정원』은 단순한 신간을 넘어 현장의 교사들이 기질을 일상적 상호작용과 학급 운영 속에서 실제로 적용하도록 돕는 가장 실천적인 안내서입니다. 교사에게는 아이의 행동을 정교하게 읽어내는 기준을 제공하고, 아이에게는 '나는 나의 기질 그대로 존중받고 있구나'라는 경험을 선물해 주는 책이 될 것입니다.

모든 아이가 자신의 기질을 있는 그대로 존중받으며, 교사의 명료한 언어를 통해 고유한 강점을 인식하고, 그 강점을 자연스럽고 긍정적으로 발휘하며 성장해 나가는 아이로 자라나길 진심으로 바랍니다.

루아어린이집 원장

강향옥

기질을 이해한다는 것은 아이를 있는 그대로 바라보는 가장 다정한 시작입니다. 『기질을 적용한 교실정원』은 어려운 이론을 부담 없이 풀어, 선생님들이 아이들의 하루에 바로 적용할 수 있도록 이끌어 줍니다. 최은정 소장님과는 자녀들이 우리 어린이집에 다녔던 따뜻한 인연 덕분에 기질교육을 교사 교육으로 꾸준히 이어오며 함께 성장할 수 있었고, 부모님들에게도 육아에 대한 안심을 줄 수 있어 이 책이 더욱 믿음직하게 느껴집니다. 특히 이 책은 다양한 기질의 영유아를 만나는 선생님들에게 막막함을 풀어 줄 든든한 길잡이가 될 것이라 믿습니다. 아이들의 기질, 작은 모습 하나까지 이해하고 보듬는 데 실질적인 힘이 되는 책이라 진심을 담아 추천드립니다. 이 책을 통해 선생님들의 교실이 더 편안해지고, 아이들의 하루가 더욱 따뜻해지길 바랍니다.

안양시립어린이집 원장

신부용

    기질을 알기 전에는 단순한 '문제 행동'으로 보이던 모습들이, 이해를 갖추고 나니 '아이의 방식'이라는 것을 알게 되었습니다. 기질을 이해하고 나서 부모 상담의 신뢰도가 높아지고 서로의 마음이 이어지는 경험을 했습니다. 이 책은 아이의 행동을 바라보는 시선을 바꿔주고, 교사들이 일상에서 바로 적용할 수 있는 실질적인 길잡이가 될 것입니다. 아이를 진심으로 이해하고 싶은 모든 교사에게 꼭 필요한 책으로, 많은 선생님께 선물하고 싶습니다.

시립이편한2단지 어린이집 원장
강미선

아이의 기질을 이해하는 일은 교사의 일상을 더 가볍게 하고, 아이들의 하루를 더 편안하게 만드는 가장 실질적인 첫걸음입니다. 기질을 알고 바라보면 보이지 않던 아이의 신호가 보이고 어려웠던 상황이 하나씩 풀리기 시작합니다. 본 도서가 선생님들에게 아동의 생활적응, 감정, 조절지원, 놀이관찰, 부모상담 등 다양한 현장에서 바로 활용할 수 있는 유익한 지침서가 될 것입니다. 이 책을 통해 아이와 교사가 서로를 더 깊이 이해하고, 어린이집 하루가 더욱 따뜻하고 안정적으로 흐르길 기대합니다.

시립힐스테이트평택2차 어린이집 원장
배현혜

보육교사로 일하면서 저는 아이들의 행동을 '지도해야 할 과제'로만 바라보던 때가 있었습니다. 하지만 기질을 배우고 난 뒤, 제 업무 방식은 완전히 달라졌습니다. 아이의 행동을 해석하려는 시도 대신, 그 행동이 말하고자 하는 신호를 읽는 과정이 생겼고, 그 순간부터 학교와 가정, 교사와 부모 사이의 대화는 전혀 다른 결과를 만들었습니다. 특히 인상적이었던 건, 기질을 이해하니 '어떻게 지도해야 하는가?'가 아니라 '어떤 방식으로 만나야 하는가?'가 더 중요한 질문이 된다는 점이었습니다. 이 변화는 교사인 나 자신을 지치게 했던 막연한 답답함을 걷어내고, 아이와의 관계를 '통제'가 아닌 '동행'으로 느끼게 해주었습니다. 교사로서 전문성을 새롭게 정립하고 싶은 분, 반복되는 아이의 행동 앞에서 매번 같은 고민을 떠안는 분들께 이 책을 권합니다. 기질은 아이를 바꾸는 기술이 아니라, 교사 자신이 성장하는 길이라는 사실을 알려줄 것입니다.

어린이집 교사

김승희

'다양한 아이들을 어떻게 가르쳐야 할까?'

교사라면 누구나 이 질문의 답을 찾기 위해 끊임없이 고민한다. 나는 STA 기질 검사를 접한 뒤, 서로 다른 기질을 가진 아이들을 더 쉽게 이해하게 되었고, 이를 통해 감정적 소모를 줄일 수 있었다. 기질 요소는 아이에게 적합한 접근 방식을 자연스럽게 제시해 주어 효과적인 지도 방향을 설정하는 데 큰 도움이 되었다. 특히 STA는 이러한 이해와 지도 방향을 부모에게 쉽고 명확하게 전달할 수 있다는 점에서 탁월하다. 덕분에 부모와의 협력이 한층 수월해졌고, 그 과정에서 나 역시 전문성을 인정받을 수 있었다. 이 책은 아이를 더 깊이 이해하고자 하는 모든 교사와 부모에게 매우 유용한 자료가 될 것이다.

유치원 교사

문두성

교육 현장에서 다양한 성향을 지닌 아이들과 매일 지내다 보면, '이 아이는 왜 이런 행동을 하고, 다른 반응을 보일까?'라는 생각을 하게 만드는 아이들을 만나게 됩니다. 다른 반응을 보이는 아이들에게 교사가 똑같은 교육 방법을 활용하고 있다면 과연 긍정적인 교육적 효과를 기대할 수 있을까요? 기질 중심의 교육적 접근은 영유아를 있는 그대로 수용·이해하며, 그 아이에게 가장 적합한 성장 환경과 다양성을 존중하는 교육을 제공합니다. 우리 반 아이 한 명 한 명의 성향에 맞춘 학습 자료와 교수 전략을 고민하고 계신 선생님께 지침서가 되어 줄 이 책을 추천해 드립니다.

유치원 교사

장윤실

STA 기질검사를 현장에서 활용하며, 부모와 자녀가 서로의 기질을 이해할 때 관계가 자연스럽게 달라지는 모습을 경험해 왔습니다. 교실에서 일어나는 많은 갈등과 어려움도 기질을 알고 나면 훨씬 명확하게 보입니다. 이 책은 교사들이 아이의 기질을 읽고, 부모 상담까지 유기적으로 연결할 수 있도록 돕는 실질적인 내용을 담고 있습니다. 아이와 부모를 함께 지원해야 하는 현장에서 꼭 필요한 책이라고 생각합니다.

임상심리사
이지영

차례

기질은 '한 아이의 시작이자 마지막'입니다.

자신만의 기질적 특징을 가지고 태어나 자신만의 선택과 결정을 해나가고, 자신이 선호하는 것과 싫어하는 것을 구별하고, 추구합니다. 자신이 원하는 것을 얻기도 좌절하기도 하면서 자신이 타고난 결대로 자신만의 인생을 만들어가며 사회에 적응합니다.

어린 아기가 태어나 성인이 되기까지 아이들은 계속 교육환경 속에서 자라납니다. 정규 학교과정만 따져도 초등학교부터 고등학교까지 12년이고, 3세 아이가 어린이집에 다니는 교육시간부터 따지면 17년입니다. 아이들은 한 두 시간 어린이집, 유치원, 학교에 있는 것이 아니라 하루의 절반 이상의 이상을 그 곳에서 생활하고 사회에 적응합니다. 이 시간은 한 아이의 삶에서 굉장히 긴 기간이고 시간입니다. 그 시간 동안 만나는 선생님과 친구들은 여러 명이고 다양한 사람들입니다. 그 과정에서 많은 경험을 할 것이고, 사회와 공동체, 같이 살아가는 민주사회가 무엇인지 아이들은 배우고 적응해 나갑니다.

이 책을 집필한 이유는 세 가지입니다.

첫째, 아이들의 성장과정에서 자신의 타고난 기질을 잃지 않으면서 배우고 익히고 사회에 적응하기 원합니다. 아이마다 타고난 기질적으로 에너지를 얻는 방법과 추구하는 욕구가 교육환경 속에서 적절한 방식으로 잘 얻어지기를 바랍니다. 기질마다 가지고 있는 관계 특징, 욕구 특징, 성장 특징을 선생님들께서 먼저 알고 아이들의 기질이 건강하게 교실에서 발현되길 바랍니다.

둘째, 아이들의 기질을 존중한다는 것은 귀히 여기는 것이지, 모든 괜찮다고 허용하는 아닙니다. 기질적으로 타고난 강점과 약점은 분명하게 존재하며 강점을 인정해주는 것도 과하면 독이 되고, 약점도 훈련이 부족하면 문제가 됩니다. 이에 대한 지혜를 교사에게 전달하고 싶었고, 선생님들께서 가정과 부모에게 전달하고 아동 교육을 잘 안내해주길 바랍니다.

기질을 존중한다는 것은 아동이 가진 기질의 모양대로 사랑하는 것이고, 아동이 가진 기질 욕구를 중요하게 여겨주는 것입니다. 그러나 가정과 사회의 질서, 관계의 질서에서 벗어난 기질을 드러내는 행동과 욕구는 가르치며 올바른 길 위에 서게 해야 하는 것입니다.

기질을 알고 양육한다는 것은 아동의 기질 강점이 선善하게 발현하도록 적극 지원하고, 아동의 기질 약점이 선善을 향해 가도록 훈련하는 것입니다.

셋째, 아이들의 기질적 특징을 이해하고, 그 특징을 분석하고 진단하여 기질 특징을 중심으로 교육중재방법을 교사에게 알려드리기 위함입니다. 모든 문제행동을 진단하기 이전에, 한 아동이 가지고 있는 타고난 기질적 특징을 정확하게 이해하고 분석하고 진단하여 자신의 타고난 능력과 성향을 올바르게 발현할 수 있도록 교육적 중재를 한다면 분명 교실과 관계 속에서 긍정적인 발달과 성장을 할 수 있을 것이라 생각합니다.

아이들을 사랑하는 것 그것이 치료이고 교육입니다.

기질,
아동을 이해하는 시작

기질이란
무엇인가?

기질이 무엇일까요? 기질에 관한 정의를 설명해 보면 다음과 같습니다. 기질은 영어로 Temperament인데, Temper는 어떤 사람이 가지고 있는 성질 또는 성미를 뜻합니다. 한 사람이 가지고 있는 어떤 성질이나 보이는 성미라고 볼 수도 있습니다.

한자로 보면 기운 기氣의 바탕 질質이라고 합니다. 한자의 뜻을 풀이해 보면 결국 한 사람이 가진 바탕과 기운이라고 볼 수도 있습니다. 그래서 우리가 아이들이 우는 모습, 웃는 모습, 일상생활 속 여러 가지 행동을 보고 정서를 느끼며 이렇게 말하는 것입니다. "이 아이는 한 성질머리 하겠네.", "이 아이는 이렇게 순하냐.", "얘는 정말 기가 세네.", "얘는 정말 착하네."라고요. 이런 말은 아이에 대한 평가가 섞인 말이기 때문에 아이들 앞에서 이런 말을 하는 것은 바람직하지 않습니다.

기질은 이처럼 자연스럽게 드러나고 누군가에게 느껴지고 전달되는 것이며, 타고난 결처럼 자연스럽게 향하는 것입니다. 자신이 타고난 결대로 정서를 표현하고 행동하게 되는 것처럼 저마다 자신의 기질대로 말하고, 행동하고, 감정을 표현하며 살아갑니다.

기질, 타고난 경향성

기질을 설명하는 '타고난'이라는 말은 유전적 영향을 받는다는 것입니다. 한 아이가 가진 기질적 특성은 그 부모에게서 유전된 특징입니다. 여기서 말하는 유전이란, 부모와 같은 기질 유형을 갖게 된다는 의미는 아닙니다. 유전은 기질의 세부적인 특징이 유전되는 것을 의미합니다. STA 기질 검사에서는 이를 9가지 기질 요소의 유전적 특징으로 분석합니다. 어떤 아이는 유독 아버지의 기질 요소가 유전되어 아버지와 닮은 부분이 많을 수도 있고, 어떤 아이는 어머니의 기질 요소가 더 많이 유전되어 어머니와 닮은 행동 특징이 많을 수도 있습니다.

'경향성'은 한 사람이 타고난 욕구를 뜻합니다. 한 사람이 지닌, 기질적으로 타고난 욕구를 의미합니다. 여기서 욕구란 살면서 자신이 갖기를 원하는 want가 아니라, 내 존재에게 필요한 need를 의미합니다. 있으면 좋은 것이 아니라 꼭 필요한 것입니다. 그래서 이를 STA 기질 검사에서는 '기질적인 핵심 욕구'라고 설명합니다.

기질적으로 타고난 욕구를 충족했을 때는 '행복하다, 만족스럽다'라는 충만함을 갖지만, 그 욕구가 충족되지 않을 땐 일상생활에서 특별한 문제가 없어도 뭔가 욕구가 충족되지 않는다는 결핍감, 허전함, 공허함이 느껴지는 것이 기질적인 핵심 욕구가 충족되지 않을 때의 특징입니다. 기질적 핵심 욕구need는 영아기부터 성인기까지 바뀌지 않습니다.

기질의 주요 특징을 설명하면, 다음과 같습니다.

첫째, 기질은 유전성을 갖습니다. 때문에 부모의 기질적 특징을 이해하고 관찰하면서 아동을 이해하는 것은 중요합니다. 아동을 이해하기 위해 부모의 기질적 특성을 살피고 물어볼 수 있고, 부모와의 소통과 관계 속에서 경험되고 느껴지는 것을 통해 아동의 기질적 특성을 이해해 볼 수 있습니다. 우리가 교사로서 한 아이를 가르치고 양육하며 한 명의 아동을 이해하기 위해서 그 아동의 부모가 가지고 있는 기질적 경향, 부모가 보여주고 있는 정서, 부모가 드러내고 있는 행동들을 잘 살펴보면서 한 아동이 부모와 어떤 부분이 닮아 있는지, 닮아가고 있는지 알아갈 수 있습니다.

둘째, 기질은 항구성을 갖습니다. 기질적으로 추구하는 경향성은 바뀌지 않습니다. 기질은 바뀌지 않는 것입니다. 다만 환경에 맞는 성격의 옷을 입으면서 발달을 합니다. 어떤 사람들은 겉으로 드러난 성격이 자신의 기질이라고 말하며 기질이 바뀌었다고 말합니다. 그러나 그것은 기질이 바뀐 것이 아니라, 기질 위에 성격의 옷을 입은 것뿐입니다. 모든 인간이 가진 타고난 기질적 경향성은 그대로 남아 자신이 타고난 것을 원하고 추구합니다. 그리고 그 욕구와 방향이 충족될 때 만족감을 느낍니다. 그래서 기질은 어린 아이도 어른도 모두 내면에 가지고 있는 본질적인 특성이며, 성격의 옷을 입지 않아도 되는 가장 편안한 관계에서 드러나고, 상대적으로 높은 스트레스를 받는 상황에서도 성격의 옷을 벗어버리고 본능적인 기질적 모습이 드러나게 되는 것입니다.

셋째, 기질은 고유성을 갖습니다. 기질은 지문과 같아서 모든 특징이 똑같은 사람은 존재하지 않습니다. STA 기질 검사로 설명하자면, 기질 유형은 같지만 기질 유형을 구성하고 있는 9가지 기질 요소의 점수가 다릅니다. 같은 기질 유형이라도 각자가 가진 9가지 기질 요소의 조화가 한 사람의 고유한 특징을 만들어냅니다. 똑같은 기질 유형이지만, 9가지 기질 요소의 점수 및 조화가 다르므로 세부적 특성은 다릅니다.

기질이해가
왜 중요할까?

교사가 왜 기질을 이해해야 할까요?
교사가 기질을 이해한다는 것은 무엇을 의미할까요?

아동을 가르치는 교사와 양육하는 사람으로서 한 명의 아동이 본질적으로 가지고 있는 기질적 특성과 추구하는 욕구가 무엇인지 아는 건 굉장히 중요한 일이라고 생각합니다. 그 이유를 비유로 설명해 보려고 합니다.

기질은 씨앗과 같습니다. 씨앗은 작지만 나무와 꽃이 될 수 있는 엄청한 힘을 품은 존재입니다. 이처럼 아동의 기질은 나무와 꽃으로 자랄 수 있는 고유함 그 자체입니다. 그래서 교사는 아동이 현재 보이는 모습을 관찰하되, 한 명의 아동이 현재 내가 보지

못하고 알 수 없는 미래에 어떤 존재가 될지 모른다는 것을 겸손
하게 인식하고 아동의 미래를 희망적 시선으로 바라보며 가르치
는 역할을 해야 합니다.

씨앗은 자신이 타고난 종대로 성장하며 벚꽃은 벚꽃이 되고,
소나무는 소나무가 되고, 장미를 장미가 되고, 해바라기는 해바
라기가 됩니다. 이처럼 아동의 기질은 가진 경향성을 유지하며
자라납니다.

관용기질의 아이는 관용하는 성품으로 자라고
몰입기질의 아이는 몰입하는 성품으로 자라고
교감기질의 아이는 교감하는 성품으로 자라고
포용기질의 아이는 포용하는 성품으로 자랍니다.

그래서 교사는 아동이 지닌 타고난 성품을 귀하게 여겨주며,
성품을 고치려고 하기보다는 그 성품을 적절하게 발휘하며 또래

들에게 수용 받을 수 있도록 도와주는 것이 우리의 역할입니다. 씨앗을 열심히 가꾼다고 씨앗의 종이 바뀌지 않습니다. 이처럼 아동을 가르칠 때, 혹시 교사가 아동의 바뀌지 않는 기질적 특성을 바꾸려고 하는 것은 아닌지 생각해보아야 합니다.

민감성이 높은 아동인데 순한 아이가 되도록 교육하는 건 아닌지, 민감성이 낮은 아동인데 기민하고 반응이 빠른 아이가 되도록 교육하는 건 아닌지, 활동성이 높은 아동인데 조용하게 가만히 앉아 있는 아이가 되도록 교육하는 건 아닌지, 활동성이 낮은 아동인데 운동을 잘하고 에너지를 많이 가진 아이가 되도록 교육하는 건 아닌지. 교사의 가르침은 기질을 바꾸는 것이 아니라 기질의 강점을 찾아주는 것, 기질의 약점을 훈련시켜주는 것, 기질을 사회와 또래집단에 적절하게 발휘하는 방법을 지도하는 것입니다.

기질, 타고난 경향성은 씨앗이 바뀌지 않는 것이자 무한한 가능성으로 자라는 존재와 같습니다. 교육은 한 명의 아동이 타고난 기질을 건강하게 이 땅에 뿌리를 내리고, 이 사회에 적응하며 줄기를 올리고, 주변 식물들과 어울려 빛을 바라도록 가르치고 동행하는 과정입니다.

기질을 잘 모르고 양육하고 교육하면 무슨 일이 일어날까요? 정원사는 장미 씨앗을 땅에 심고 장미의 성장 특징을 잘 알고 키

울 때 장미는 가장 잘 성장할 수 있습니다. 정원사는 장미에게 필요한 토양을 만들어주고 빛과 물의 양을 조절해주고 장미가 가장 귀하게 대접받고 귀하게 보일 수 있는 자리를 마련해줍니다.

교사는 위의 정원사처럼 사람을 가르치고 성장시키는 전문가입니다. 그래서 아동에 관해 전문적으로 이해하는 것이 필수입니다. 한 명의 아동이 어떤 기질을 가지는지 파악해서 그 아동이 잘 성장할 수 있는 교실 분위기를 조성해 주고, 적절한 애정 표현과 적절한 방법으로 욕구를 충족하도록 가르치고 욕구를 조절하는 것도 가르칩니다. 또한 또래 관계에서 어떻게 자신의 기질을 긍정적으로 발현할 수 있는지를 도와주고, 자신을 드러낼 기회를 제공해 줍니다.

그런데 만약, 정원사가 내가 키우는 식물에 관한 지식이 없다면 어떻게 될까요? 자신이 땅에 장미꽃을 심어 놓았으나 이 꽃씨의 이름이 장미인지 해바라기인지 알지도 못하고 장미를 키우고 있지만 어떤 땅에서 뿌리를 잘 내리는지 몰라서 빈 땅에 그냥 심었다가 뿌리를 잘 내리지 못하는 걸 보고 옮겨 심는 수고를 할 수 있을 것입니다. 또 싹이 나고 줄기가 올라가는 과정에서 이렇게도 물을 줘봤다가 저렇게도 물을 줘봤다가 잎사귀가 시들해진 장미를 어떻게 해야 할지 몰라 난감한 시행착오를 하게 될 것입니다.

정원사의 시행착오가 너무 많아지면 장미는 뿌리를 내리는 기간에 충분히 뿌리를 내리지 못하게 되거나, 줄기를 뻗는 기간에 줄기를 충분히 올리지 못하거나 약한 줄기를 올리게 될 수 있습니다. 정원사가 이러한 실수를 줄이며 식물을 이해하고 식물이 뿌리를 잘 내리고 기둥이 되는 줄기를 잘 올리도록 공을 들이는 것처럼, 교사와 부모는 영유아기의 기질 이해에 공을 들입니다. 정원사가 식물의 특징을 잘 이해하고 가꾸기 시작하면 식물이 뿌리를 튼튼하고 깊게 내릴 수 있게 도와주고, 줄기를 잘 올릴 수 있도록 도와줄 수 있습니다. 이처럼 부모와 교사가 유아의 기질을 잘 이해하고 교육하면 사회적응과 성장을 잘 하도록 도와줄 수 있습니다.

그러나 생명의 미래를 인간이 모두 예측할 수 없듯이, 아동의 기질을 알고 양육하고 교육한다고 아이의 미래를 우리가 예측할 수 있는 건 아니라는 것을 인식해야 합니다. 정원사가 장미의 특성을 아무리 공부하고 잘 숙지했다고 해도, 장미를 키우는 과정이 호락호락하지 않고 여러 가지 예기치 못한 병충해와 난관을 만나듯이, 아동을 양육하고 교육하는 일 역시 기질을 이해한다고 모든 것을 쉽게 해결하고 예측할 수 있는 것은 아닙니다. 아동을 교육하면서 모든 것을 내가 안다는 것은 착각입니다. 또한 한 아동이 성장하면서 내가 모르는 부모의 영향, 교사의 영향, 친구들의 영향, 사회적 상황의 영향을 받고 자신만의 생각과 감정을 만들어가면서 개인의 인생을 경험하고 지어가는 미지의 영역이 있다는 것을 염두에 두어야 합니다. 그러므로 교사는 아동에 대해 끊임없이 호기심을 가지고 궁금해하고, 관찰하고, 물어봐야 합니다.

나무 그림 검사를 통해 우리는 아동에 관해 알 수 있습니다. 아동은 자신이 그린 나무 그림으로 본인의 기질과 상태를 알려줍니다. 아동에게 흰 종이를 한 장 주고 나무를 그려보도록 한 뒤 나무에 대해 아동이 편안하게 말할 수 있도록 교사가 질문합니다. 교사는 아동의 대답을 들으면서 아동이 드러내고 있는 자신이 누구인지, 어떤 환경과 욕구를 원하는지 귀 기울여 볼 수 있습니다.

기질을 이해하는 교사의 역할은 눈에 보이지는 않지만 가장 본질적인 아동의 특징인 기질에 관심을 가지고 관찰하고 물어보면서, 아동이 말하고 표현하는 것이 무엇을 의미하는지 알아가는 것입니다. 가정과도 연계하여 가정에서도 부모가 아동을 알아갈 수 있도록 안내해 주는 것도 필요합니다. 9장 가정과의 연계자료. 아동의 나무 이야기를 참고해주세요.

교사는 위의 정원사처럼 사람을 가르치고 성장시키는 전문가입니다. 그래서 아동에 관해 전문적으로 이해하는 것이 필수입니다. 한 명의 아동이 어떤 기질을 가지는지 파악해서 그 아동이 잘 성장할 수 있는 교실 분위기를 조성해 주고, 적절한 애정 표현과 적절한 방법으로 욕구를 충족하도록 가르치고 욕구를 조절하는 것도 가르칩니다. 또한 또래 관계에서 어떻게 자신의 기질을 긍정적으로 발현할 수 있는지를 도와주고, 자신을 드러낼 기회를 제공해 줍니다.

나무 그림을 통한 아동의 기질 이해

Q. 이 나무의 나이는 어떻게 되니?

- 아동이 대답하는 나무의 나이는 아이가 스스로 생각하는 내면 자아의 나이이거나 정서적 연령일 수 있습니다. 실제 자신의 나이보다 어리게 말한다면, 정서적으로 미숙한 정서적 돌봄을 요구하는 아동일 수도 있습니다.

Q. 이 나무는 어디에 있는 나무이니?
그곳은 사람이 많은 곳이니, 적은 곳이니?

- 아동이 대답하는 장소가 사람들이 많은 공원이나 산이라면, 아동은 다른 사람과 함께 어울리며 관심을 주고받고 싶은 욕구를 가지고 있을 수 있습니다.
- 아동이 대답하는 장소가 사람이 적은 산이나 동네라고 한다면 조용하고 안정된 교실과 환경을 원할 수도 있습니다.

Q. 이 나무가 잘 자라려면 무엇이 필요할까? 물, 햇빛, 바람, 흙

- 아동의 대답이 물, 비라면 적극적으로 놀이하고 원하는 것을 충족하는 욕구가 중요하다는 것입니다.
- 아동의 대답이 햇빛이라면 바라는 것이 다른 사람들의 따뜻하고 온정적인 애정과 감정표현일 수 있습니다.
- 아동의 대답이 바람이라면, 자유롭게 행동하고 놀이할 수 있는 자유를 원하는 것일 수 있습니다.
- 아동의 대답이 좋은 흙이라면 안정적인 관계가 필요할 수 있습니다.

Q. 이 나무 곁에는 어떤 것들이 있니?

- 나무의 곁에 동물, 나비, 곤충들이 있다면 자신과 관심과 마음을 나눌 친구들이 필요한 것일 수 있습니다.
- 나무의 곁에 자유롭게 날아다니는 새, 혹은 새집과 둥지를 그렸다면 자유롭고 싶은 내면의 소망을 표현하는 것일 수 있습니다.
- 나무의 곁에는 아무도 없다면 혼자 있는 고독과 환경을 편안해하는 아이일 수도 있지만, 반대로 또래 관계 및 소통하는 관계가 없는 어려움을 표현하는 것일 수 있습니다. 나무 곁에 아무것도 없을 때 나무의 기분을 물어보면 이를 확인할 수 있습니다.

Q. 이 나무를 돌봐주는 사람은 누구이니?

- 자기 자신이거나 비와 해가 돌봐준다고 말하는 아이는 독립적이거나 현재 돌봄적 욕구보다는 성장의 욕구를 가진 아이일 수 있습니다.
- 부모 혹은 특정 사람을 선택한다면 그 사람의 돌봄이 필요한 것일 수 있습니다.

아동의 나무 그림과 대답을 들으면서 아동에 대해 적어보세요.

- 아동이 편안해하는 교실 분위기는?

- 아동이 성장하기 위해 필요한 것은?

- 아동이 원하는 욕구는?

- 아동이 원하는 돌봄은?

기질이 반영된
교육의 중요성

교육은 비유하면, 정원 설계와 같다고 생각합니다. 정원을 설계할 때는 공간, 토질, 환경적 조건을 고려하면서 그에 적합한 식물을 어떻게 심을지 세심하게 구성하고 계획합니다. 이처럼 교사도 교실이라는 환경적 여건을 고려하면서, 참여하고 있는 각기 다른 아동들의 특성을 파악하며 가장 적절한 교육을 설계합니다. 정원 설계를 하는 사람은 식물의 특성마다 어떤 식물과 같이 심을 때 더 잘 자랄 수 있는지, 어떤 자리에 심어야 해와 바람을 잘 받을 수 있는지 등 전체적인 조경을 고려하며 큰 그림을 그립니다. 교사도 어떤 아동이 누구와 친밀한 관계를 맺으며 의미 있는 관계를 만들 때 좀 더 교실에 잘 적응하고 교육적으로 상호 도움을 받을 수 있는지를 파악하고, 어떤 활동과 관심사 영역에서 가장 자신의 강점을 드러내며 성장할 수 있는지를 고려하여 교육적 개입을 합니다. 교실에 있는 아동들을 개별적으로 교육하고 지원하되 교실 전체 공동체를 고려하며 교육합니다.

정원을 설계하고 만들고 가꾸는 사람이 대단하듯, 교사가 교육적 환경을 구성하고 아동들을 개별적으로 관찰하고 지원하는 것은 대단한 일입니다. 게다가 교사는 공동체 속에서 사회적 규범과 가치를 가르치고 발달에 문제가 생기지 않도록 발달을 지원하고, 연령에 맞는 학습 내용을 학습하도록 동시에 여러 가지를 해내야 하는 역할을 합니다. 정말 대단한 일입니다.

교실에서 모든 것을 신경 쓰고 살피는 것은 여간 어려운 일이 아닙니다. 어쩌면 그래서 식물마다 적합한 환경에 자라도록 미리 설계하듯, 더욱 교실 환경을 만들기 전에 저마다 다른 아이들의 기질을 고려하여 서로 편할 수 있는 교실 환경을 설계하도록 권하고 싶습니다.

보들보들한 흙에서 자라야 뿌리를 잘 내리는 식물이 있습니다. 아동으로 생각해 보면 차분하게 안정된 분위기의 교실에서 잘 적응하는 아동입니다. 단단하고 건조한 야외 땅에서도 뿌리를 내리는 식물이 있습니다. 아동에 비춰보자면 어떤 상황에서도 자신만의 생각과 놀이를 펼쳐나가는 아동입니다. 수분이 많고 물빠짐도 좋은 통기성이 높은 땅에 뿌리를 내리는 식물이 있습니다. 아동에 비교해 보면 하고 싶은 것도 하고 쉼도 있는, 통제가 적은 교실을 원하는 아동입니다.

어떤 식물은 바깥에서 빛을 받는 것보다는 실내에서 창가에서 따뜻한 빛을 잘 받아야 하고, 어떤 식물은 그늘에 있어야 하며, 어떤 식물은 매일 물을 줘야 하고 어떤 식물은 한 달에 한 번만 흠뻑 물을 줘야 합니다. 아이들도 마찬가지입니다. 아이마다 필요한 정서적 교류의 양과 질이 다르고, 놀이의 질과 양이 다릅니다. 이때 교사의 역할은 '이 아이에게 이런 특징이 있구나.'를 너머서 '아이들의 특징을 고려해서 내교사가 이런 환경을 만들고 이런 역할을 해야겠구나.'라고 생각하고 환경을 구성하는 것입니다.

교실은 땅과 같은 환경입니다. 유아 교실에는 연령에 따라서 적게는 3명에서 많게는 20명, 학교에서는 한 교실당 보통 25~30명 정도의 아동들이 함께 생활합니다. 한 교실에서 여러 명의 아이들을 교육합니다. 어떤 아이는 규칙을 지키지 않는 아이들로 인해서 교사가 조금만 엄격해지거나 조금만 단호하게 가르쳐도 경직됩니다. 이런 특성의 아동은 주변 상황에 쉽게 영향을 받으므로 부드러운 흙에 뿌리를 내리는 식물처럼, 아동이 교실에서 놀라지 않도록 잘 보듬어야 합니다.

옆에서 친구가 혼나든지 말든지, 친구가 울든지 말든지 크게 신경 쓰지 않는 아동도 있습니다. 환경이 어떠하든 바르게 적응하고 잘 자라는 아동도 있습니다. 이처럼 아동은 저마다 개별적 기질 특성이 있어 어떤 아동은 정서적인 환경 영향을 쉽게 받지만, 아동은 자신 및 타인의 정서에 영향을 덜 받기도 합니다. 이런 특성을 교사가 파악한다면, 어떤 아이들의 문제상황이나 갈등이 발생했을 때 사전 혹은 사후에 누구에게 좀 더 개별적인 지도를 해야 할지 분별할 수 있습니다. 환경에 따른 정서에 취약한 아동에게는 갈등 상황 후 마음은 괜찮은지 살펴주는 공감적 대화가 필요하고, 또래들의 갈등에 전혀 관심이 없는 아동에게는 갈등 후 어떤 상황인지 설명해 주고 아동의 교실 내 역할이 필요하다면 함께 상황을 이해하고 토의해 보자고 제안해 주어야 합니다.

교육은 모든 아이들에게 연령에 맞게 동일하게 제공됩니다. 그러나 교육 울타리 안으로 들어온 아이들은 저마다 다르고 해마다 다릅니다. 그러므로 교사는 학기를 시작하면서 교수활동을 하기 전에 어떤 아이들이 우리의 교실을 구성하고 있는지를 살피고 분석하고 계획해야 합니다. 이것이 바로 교수 계획입니다. 교사가 맡은 몇 명의 아이들이 어떤 특성이 있는 아이인지 살피고, 전체 아이들에게 맞는 적합한 교실환경을 조성해보면 좋겠습니다. 이를 정원에 다양한 꽃과 나무를 어떻게 심어야 할지를 구성해보는 방식으로 그려서 표현해보길 권합니다.

교실 정원에 꽃과 나무_{아동}를 그려보세요.

- 우리 교실은 어떤 환경인가요?
- 우리 교실에는 어떤 아동들이 있나요?
- 교실을 정원이라고 생각하며, 정원을 꾸민다고 생각하고 아이들을 상징 하는 꽃과 나무를 그려보세요.

기질의 수용과 조율,
훈육의 균형

"기질은 유전입니다."

"기질은 바뀌지 않습니다."

이렇게 설명하면 종종 부모님과 선생님은 걱정스러운 얼굴로 아이가 현재 행동을 계속한다면 걱정이 태산이라고 말하거나, 아동의 기질적 특징 중 어떤 부분이 마음에 들지 않아서 바꿨으면 좋겠다는 바람을 표현합니다. '그래도 계속 가르치면 바뀌지 않을까?'라고 생각하고 싶어합니다.

기질을 바꿔야 한다는 생각에는 두 가지 오해가 있습니다.

첫째, 아동이 보이는 문제행동이 기질이기 때문에 이해해야 한다 혹은 바꿔야 한다. 부모나 교사는 기질이 바뀌지 않는다는 것을 현재 아동이 갖고 있는 문제행동이 계속 바뀌지 않을 거로 생각합니다. 기질이 바뀌지 않는다는 것은 기질의 경향성 즉, 에너지를 얻는 방법과 추구하는 욕구가 바뀌지 않는다는 것입니다. 아동이 에너지를 얻고 욕구를 얻는 방법이 부적절하다면 부모와 교사가 가정과 교육기관에서 꾸준히 가르쳐야 합니다. 아동이 자신의 에너지와 욕구를 사회적으로 수용가능한, 그래서 자신이 원하는 것을 얻을 수 있는 방법을 가르치는 것이 생활지도입니다. 우리는 아동의 기질을 바라볼 때, 기질이 갖는 경향성과 문제가 같다고 보는 잘못을 저지릅니다. 아동이 친구를 물거나, 때리거나, 흥분할 때 소리를 지르거나, 화가 날 때 물건을 던지는 것은 기질의 문제가 아닌, 행동의 문제이자 가정지도와 훈육의 문제입니다. 또한 성품이 바르게 자라지 못하고 있는 문제입니다. 아동의 기질적 특징으로 인해 불편함을 잘 참지 못하거나 감정분출을 강하게 할 수 있습니다. 그러나 이러한 기질을 갖고 있다고 해도 모든 아이가 공격적인 행동이나 버릇없는 행동을 하지는 않습니다. 그러므로 기질의 문제로 모든 행동 문제와 규범을 어기는 문제, 태도 문제를 설명하면 안됩니다. 반대로 현재 드러내고 있는 기질적으로 쉽게 조절되지 않는 행동이, 기질은 변하지 않으므로 어른이 될 때까지 이어지게 해서도 안됩니다. 그것은 문제행동일 뿐이며, 우리가 해야 할 일은 그 속에서 '원하는 것이 분명한 아이구나, 불편감을 참을 수 있는 역치가 낮아서 불편감을 참는 훈련이 필요한 아이구나, 속상한 마음을 표현하는 감정을 느끼고 표현하는 것이 어려운 기질의 아이구나'라는 것을 바라보는 것입니다.

둘째, 교사가 원하는 바람직한, 마음에 드는 기질을 강조하는 교육은 바람직하지 않습니다. 교사도 사람인지라 더 마음이 가고 편한 아동이 있습니다. 그것은 당연한 마음이고 관계입니다. 그러나 우리가 교사라는 전문적 역할을 가지고 있을 때는, 교사라는 역할로서 아동을 바라보고 교육해야 합니다. 교사는 아동의 전인 발달을 이끌어주며, 여덟 개의 발달 영역_{대근육 운동, 소근육 운동,} _{언어, 인지, 사회성, 정서, 자조행동, 사회적 의사소통}이 골고루 발달하도록 지도하는 중대한 역할을 하는 교육자입니다. 그러나 교사가 지도할 목표가 아닌 내가 보기 좋다 또는 좋지 않다고 생각하는 어린이상이 있을 때 기질을 바꾸려 할 수 있습니다. 예를 들어 교사가 가진 어린이상이 자기표현을 잘하고 공감을 잘하며, 모든 활동에 호기심을 보이고 친구들과 친사회적으로 어울리는 모습이라고 가정해 봅시다. 만약 어떤 아동이 아무리 교사가 물어보고, 놀이로 개입을 해도 자기표현을 하지 않고 입을 다물고 있고 친구들과도 거의 소통하지 않으려고 할 때, 어떤 아이는 친구가 울어도 공감을 못하고 뛰어다니고 놀 때, 대부분 모든 활동에 흥미를 보이지 않고 누워있으려고 할 때, 친구들보다는 혼자놀이를 좋아할 때 교사는 그 모습을 잘못된 행동으로 볼 수 있습니다. 문제행동 프레임으로 보는 것과 아동이 개별적으로 가지고 있는 기질적 특징이라는 프레임으로 보는가는 큰 차이를 만들어냅니다. 문제행동 프레임으로 보면 아동의 행동은 모두 교정되어야 합니다. 그러나 아동이 갖는 기질적 특징 프레임으로 보면 교사는 아동의 행동 경향 자체를 바꾸려고 하기보다는, 아동의 기질 특성을 고려하면서 그것을 바르게 표현하는 법을 가르칠 영역과 어려움이 있는 영역을 분별하게 됩니다. 기질적인 특징을 고려하며 긴장하지 않고 소통할 수 있는 방법을 찾아주는 것과 아동이 말하고 싶어도 말하기 어려워하는 정서 문제와 언어 문제를 분별하고, 아동이 어떤 감정을 공유하고 싶어하는 지를 찾아주는 것과 다른 사람의 표정과 감정을 인식하지 못하는 문제를 분별하는 것입니다.

  기질을 이해하고 교육한다는 것은 아동이 타고난 기질적 경향성을 수용하고 사회적으로 적응하며, 다른 사람들과 어울려 자신과 타인의 욕구와 감정을 서로 존중하고 조율하는 방법을 가르치는 것입니다. 그것이 교육의 목표입니다. 여기서 수용이란 허용

- 과도한 긴장으로 표현하지 못하는 어려움
- 언어로 생각이나 감정을 표현하기 어려운 낮은 언어표현력 어려움

- 자신의 감정인식 둔감함 어려움
- 타인의 감정을 인식하지 못하는 어려움

이 아닙니다. 아동의 모든 기질적 특징, 원하는 것, 보이는 행동 특성, 기질적 감정반응을 모두 받아주고 괜찮다고 해주며 기다려 주고 포용하는 것은 기질 이해가 아닙니다. 앞에서 설명했듯이 기질 경향과 특성은 존중하지만, 자신의 기질을 드러내고 원하는 것을 표현하는 방법이 사회적으로 바람직하지 않을 때는 표현방법과 요구방법을 교정해 주는 것이 이해와 교육입니다.

기질을 존중한다는 것은 허용이 아니라 수용입니다. 허용은 아동이 기질적으로 원하는 것, 요구와 감정을 모두 그렇게 해도 된다고 허락하는 것입니다. 이렇게 되면 기질을 존중하는 것이 아니라, 아동이 자신의 기질을 드러내고 발달시키며 기질적으로 원하는 에너지와 욕구를 충족하는 잘못된 방법과 태도까지 허락하는

것이 되어버립니다. 수용은 아동이 갖고 있는 기질적으로 원하는 에너지와 욕구를 존중하되, 그것을 얻을 수 있는 연령에 적합한 방법, 요청하는 말과 태도, 충족할 수 있는 상황과 아닌 때를 구분하는 것을 가르치는 것입니다. 허용과 수용을 헷갈려하는 부모가 있다면 가정 연계 자료를 활용하여 상담하거나, 부모교육으로 허용과 수용의 차이를 가르쳐드려야 합니다. 교실에서는 무엇을 허용하고 수용하는지 구분하여 알려드리고, 가정에서는 무엇을 허용하고 수용하고 있는지 알아야 합니다. 이 둘의 차이를 인식하고 문제점을 파악했을 때, 교실과 가정에서 아동이 보이는 문제행동의 환경적 원인을 찾을 수 있습니다. 허용적인 양육 환경에서 자란 아동의 경우, 자신의 욕구를 적절한 방법으로 표현하고 드러내지 못하고 일방적으로 자신의 요구를 주장하다 보니 기본적인 생활지도 과정에서 다양한 문제점을 보입니다. 가정과 교육환경의 기준이 다를 때, 아이들은 너무 혼란스러워집니다. 가정과 교육기관의 규칙을 일치시키고 가르치는 방법을 일치시키는 것은 유아의 발달 과정에서 중요한 부분입니다. 9장 가정과의 연계자료, 허용과 수용 구분된 가르침을 참고해 주세요.

- 허용: 허락 청하는 일을 하도록 들어주는 것 하여 너그럽게 받아들임

- 수용: 어떠한 것 모양, 특성을 받아들이되, 잘못된 요구 방법과 행동은 교육함

기질을 조율한다는 것은 타인과의 관계에서 적절한 욕구와 정서 표현을 배우는 과정입니다. 기질을 조율한다는 것은 아이가 원하는 것을 관계에서 올바른 방법으로 주장하고 요청하도록 가르치는 것입니다. 아동이 기질적 경향성을 잘못된 방법과 태도로 드러낼 때, 자신이 원하는 것을 주장하고 요구하는 방법이 잘못되었을 때, 부적절한 것을 요구할 때 타인이 수용가능한 방법으로 조율하여 알려주며 적절한 방법으로 주장하고 요청하도록 가르치는 것입니다. 이는 아동의 사회화 과정으로 자신의 존재와 욕구를 다른 사람이 수용할 수 있는 바람직한 방법으로 드러내고 적절한 태도를 갖출 수 있도록 교육하는 것입니다.

예를 들어 아동이 계속 뛰어다니면서 에너지를 얻으려고 할 때, 무조건 안된다고 하는 것이 아니라 뛸 수 있는 바깥놀이 시간과 교실 내 신체활동 시간을 약속하는 것입니다. 자신이 원하는 것을 끝까지 완성하려는 욕구를 가진 아이가 무조건 떼를 쓰면서 정리를 하지 않겠다고 할 때, 기다려줄 수 있는 시간과 그렇지 않은 시간을 정해주는 것입니다. 또한 정리해야 한다고 지시만 하는 것이 아니라, 얼마나 기다려줄 수 있는지 물어보도록 소통 방법을 지도하는 것이 조율을 가르치는 교육입니다.

유아기는 자신이 원하는 것을 자기중심적으로 요구하는 시기이며, 도덕과 규범에서 벗어나지 않는 방법으로 요청하고 원하는 것을 얻는 방법을 배우는 시기입니다. 더불어 원하는 것이 있어도 도덕과 규범교실의 공동 규칙에 어긋나면 체념원하는 것이 있어도 하고 싶다는 마음을 버리고 단념하는 것하는 것을 배워야 하는 시기입니다. 이러한 아동의 욕구 좌절이 곧 규범과 질서를 지키게 하는 사회적 분별력이 됩니다. 유아기에 필요한 욕구 좌절을 경험하여 깨닫지 못하면 자기중심적 욕구가 걷잡을 수 없는 욕망이 되고, 당연히 조절해야 하고 단념해야 하는 것을 단념하지 못하면서 스스로 하고 싶다는 욕망에 사로잡혀 원하는 것을 하지 못하게 하는 사람과 세상을 원망하는 화를 만들게 됩니다. 그러므로 가정에서는 부모, 교실에서는 교사가 무엇은 요청해도 되는지, 무엇은 단념해야 하는지에 관한 질서를 분명하게 가르치고 일치시키는 것이 중요합니다.

아동기는 기본적인 사회 질서를 익힌 시기입니다. 따라서 아동이 질서를 벗어나지 않으면서 스스로 원하는 것을 획득하기 위해 적절한 행동과 실천 방법을 배우고 익히는 시기입니다. 이때 아동이 나름대로 행동하고 실천하면서 시행착오를 겪으며 원하는 것을 얻으려는 방법이 거짓말을 하거나, 수업시간에 늦게 들어오거나, 수업 중 딴짓을 하거나, 학원을 마음대로 가지 않거나, 몰래 원하는 것을 과도하게 도전하는 모습 등일 수 있습니다. 만약 그렇다면 교사는 해당 아동이 유아기에 배워야 하는 바람직한 도덕적 규범, 사회적 질서 및 가정규칙, 옳고 그름에 관한 것을 충분히 인지하지 못한 것은 아닌지 점검해야 합니다. 단, 충분히 인지했음에도 불구하고 자신의 마음을 조절하지 못했다면 도덕성의 문제보다는 자신이 원하는 것을 얻게 하는 다양한 문제해결력이 부족한 아동일 수 있습니다. 그러므로 아동을 무조건 벌주기보다는 상황이나 형편에 적당한 방법으로 욕구를 충족하는 다양한 대안을 알려주거나, 조율과 타협을 시도하는 의사소통 기술을 가르쳐주는 것이 학령기에 필요한 조율입니다.

• 조율 : 문제를 어떤 대상에 알맞거나 마땅하도록 조절함

기질을 훈육하는 것은 아동의 성품이 도덕적으로 어긋나지 않도록 훈계하고 가르치는 것입니다. 아동의 기질 특성은 존중하나 그것이 다른 사람의 안전을 침범하거나, 일방적으로 하고 싶은 대로 하려는 방식이 함께 어울려 살아가는 사회적 관계를 불편하게 한다면 그것은 사회적 규범에 어긋난 행동입니다. 특히 도덕적 기준, 사회규범 기준, 일반적인 관계 법칙 기준에서 벗어난 생각, 행동, 감정을 분명하게 지도해주는 것은 교육에서 중요한 교사의 역할입니다. 이는 친절한 말로 말하나 엄격하고, 따뜻한 품으로 지지해 주지만 잘못된 행동은 따끔하게 야단치는 것입니다. 조율

의 영역과 훈육의 영역을 헷갈리는 교사와 부모가 많습니다. 그 기준이 명확하지 않을 때 아동은 절대적 신념으로 배워야 하는 도덕성의 발달이 저해되는 것을 겪고, 도덕성이라는 기준이 다른 사람과 다르게 과도하게 주관적 또는 비양심적이거나 죄책감이 적은 성격특성으로 치우쳐 성장할 수 있습니다.

교사가 아동의 기질을 수용하고 조율해야 할 때 수용하는 영역, 사회적으로 적응하고 타인과 관계를 맺기 위해 자신의 기질을 조율하는 영역, 기질과 관계없이 규범에 어긋나는 잘못된 행동 지도하는 훈육 영역을 구분해야 합니다. 이러한 기준을 바로 세우고, 이 기준을 부모와 공유하여 가정과 교육환경에서 일치되도록 하는 것이 매우 중요합니다. 이때 아동의 기질을 수용하는 영역과 조율의 영역이 적고, 훈육의 비중이 커지면 아동은 자신의 기질을 교사와 부모가 수용하지 않으며 사랑하지 않는다고 느끼기 때문에 아동과의 관계는 어긋납니다. 그러므로 수용의 영역을 40%, 조율의 영역을 30%, 훈육의 영역을 30%로 유지하는 것이 적절합니다. 주의할 것은 아동의 기질적 특징 및 행동 중 교정하여 지도해야 하는 점이 많다면 수용이 더 많아야 하나, 그냥 수용하고 두는 것이 아니라 가정과 교육기관에서 전체적으로 지도 빈도를 늘려 아동에 관한 개입을 늘려야 합니다. 그러고 나서 그 안에서 수용40%, 조율30%, 훈육30%을 나누는 것입니다. 교육기관에서는 아동과 일대일 관계에서 충분히 개입과 지도의 빈도를 늘리기가 현실적으로 어렵기 때문에, 가정에서 부모님과 아동의 일대일 시간을 늘리고 전문적인 놀이치료와 상담적 접근으로 아동에게 적합한 개입의 수용, 조율, 훈육을 지도할 시간을 늘려야 합니다. 아동의 부모님과 상담할 때, 단순히 상담이 필요한 아이라고 말하기보다는 좀 더 일찍 아동의 어려움을 해결하고 지원하는 데 필요한 것이 심리치료와 상담이며 아동을 위해 전체적인 개입의 양을 늘리는 것이라고 설명하는 것이 좋습니다.

수용, 조율, 훈육의 교육

🌸 3세 아동의 기질특징

특징

- 한 가지만 계속 하려고 한다.
- 자신이 공룡 장난감을 고르면 친구에게 양보하지 않는다.

수용 영역

- 좋아하는 대상이 분명하다.
- 자신의 생각이 뚜렷하다.
- 흥미가 여러 영역이 아니다.

교육 영역

- 수용: 특정 관심사_{공룡}를 특별히 좋아하는 걸 인정하는 말을 해준다.
- 조율: 공룡을 갖고 놀 수 있는 시간_{예: 15분}을 정하고, 공룡을 갖고 놀고 싶어 하는 친구들과 의논하여 순서 정한다.
- 훈육: 약속을 정해도 요구하는 경우 단호하게 제한하며 무시한다.

🌸 5세 아동의 기질특징

특징

- 계속 교실에서 뛰어다닌다.
- 심심하면 친구 장난감을 만진다.
- 뛰어다니다가 친구를 친다.

수용 영역

- 신체활동성이 높은 아이다.
- 심심함을 해결하는 방법이 생각보다는 행동이다.

교육 영역

- 수용: 오전과 오후 자유 선택 놀이 시간에 신체활동성을 발휘할 놀이프로그램을 적용한다.
- 조율: 심심할 때 요청하는 말을 가르친다._{나도 해봐도 돼?/선생님, 어떤 것을 해야할지 모르겠어요.} 뛰지 않아야 할 공간, 뛰어도 되는 공간을 알려준다.
- 훈육: 물어보기 전에 친구 물건을 만져서 망가진 경우, 뛰지 않아야 할 공간에서 뛰는 경우 의자에 앉아 있는 타임아웃을 한다.

✿ 7세 아동의 기질특징

특징

- 자유 선택 놀이 시간에 자신이 하고 싶은 것을 일방적으로 주장하고, 친구와 의견을 조율하지 않는다.

수용 영역

- 자신의 호, 불호가 강하다.
- 자신이 선택한 것을 꼭 하고자 하는 의지가 강하다.

교육 영역

- 수용: 자신이 하고 싶은 놀이를 언제 같이할지 약속을 정하도록 지도한다.
- 조율: 정해진 놀이시간 동안 가위바위보를 해서 공평하게 시간을 나누어 놀이하도록 한다.
- 훈육: 놀이를 하고 싶지 않거나 불편하다고 요청한 친구에게 강하게 주장하거나 협박한다면 놀이를 중단시킨다.

✿ 8세 아동의 기질특징

특징

- 학교 교실에서 수업 시간에 자신의 이야기를 들어주지 않았다고 울거나 의자를 내팽개친다.

수용 영역

- 주도성이 높은 아이이다.
- 자신이 주도권을 잡고 싶어하고 관심을 차지하고 싶어한다.

교육 영역

- 수용: 아동이 하고 싶었던 이야기 1개는 쉬는 시간에 들어준다. 적극적인 경청과 반응으로 칭찬한다.
- 조율: 발표 혹은 발언권의 제한설정을 정한다. 수업 중 2번
- 훈육: 서운하거나 자신이 주도하지 못했다고 기물을 파손한 경우 반성문을 쓰게 한다.

2장

STA 기질검사 소개

STA
기질 검사란

　‘STA기질검사’는 제가 많은 아동과 성인을 대상으로 상담과 교육을 실시하면서 얻게 된 경험과 지혜 속에서 개발한 기질검사 입니다. STA기질검사는 S Self discovery T Temperament A Assessment의 약자로 자기 발견 기질 검사입니다. 자신이 타고난 기질을 발견하고 이해함으로써 자신이 누구인지, 자신이 어떤 사람인지 발견하기를 바라는 마음을 담았습니다.

　저자인 저는 영아부터 성인을 대상으로 심리치료와 상담을 하고 있습니다. 또한 상담사와 교사의 전문성을 향상하기 위해 교육하고 기질분석상담사, STA기질부모교육전문가, STA기질교육전문지도사 민간자격증을 발급하며 기질을 이론과 임상경험을 토대로 전문적 지식을 가르치고 있습니다. STA기질검사를 만들게 된 목적은 한 사람이 갖는 어려움을 세밀하고 정확하게 분석하고 진단한 다음 구체적인 해결방법을 찾기 위해서였습니다. 저는 아동영아부터 청소년이 있는 실제 교육 현장으로 찾아가서 어려움을 확인하고, 아동에게 적합한 심리치료적 방법과 교육적 방법을 제시하며 아동과 양육자/교육자를 중재하는 치료-교육 중재자입니다. 아동의 어려움을 분명하게 진단하고 그들을 돕기 위해서는 대략적인 진단과 해결방법이 아닌 명료한 진단과 정확하게 해결 가능한 솔루션이 필요하였습니다. 이러한 임상경험이 쌓여 만든 검사가 STA기질검사입니다. 그래서 STA기질검사는 명료한 진단과 구체적인 해결방법을 알려주는 검사와 해석을 제공합니다. 이 도서는 교육현장에 계신 선생님들께서 STA기질검사를 바탕으로 기질을 구체적으로 이해하실 수 있도록 돕는 책입니다. 또한 STA기질검사 결과지를 받으셨을 때 올바로 결과를 해석하고 교실에 적용할 수 있는 방법을 알려드리는 안내서입니다.

STA스타기질검사는 9가지 기질요소를 알아보는 54문항의 검사지를 통해 검사하며, 9가지 기질요소의 점수 판독을 통해 기질을 16가지 유형으로 구분합니다. 각 사람의 기질 분석과 해석은 20가지 소척도의 세부 내용을 통해 이루어집니다.

STA 기질검사란?

STA*는 개인의 타고난 경향성을 발견하여 이해할 수 있도록 고안된 기질검사입니다. STA는 개인이 타고난 기질을 16가지 유형으로 나누며, 9가지 기질 요소들의 조화와 균형을 통해 기질이 갖는 고유한 경향성을 분석합니다. STA 자기발견 기질 검사를 통해 자신의 타고난 기질을 이해하고 수용함으로써 자신만의 빛깔을 발견하기를 소망합니다.

*STA: Self-discovery Temperament Assessment 자기발견 기질 검사

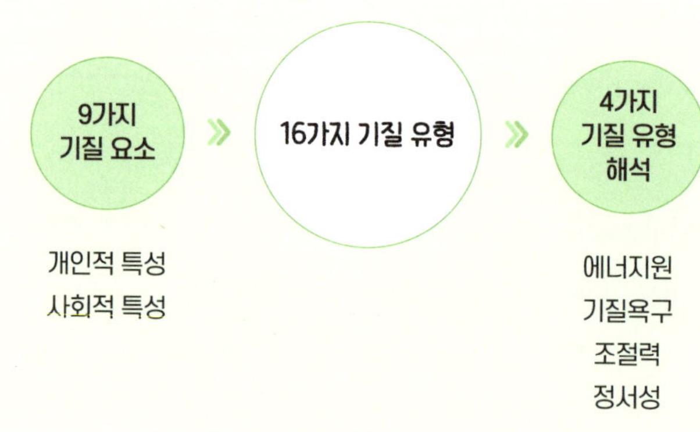

STA
16가지 기질유형

STA기질검사 기질유형은 에너지원과 기질욕구에 따라 기질을 16가지 유형으로 나눕니다. 4가지 에너지원과 4가지 기질욕구 특성을 분석하여 최종 기질유형을 판단합니다.

에너지원		기질욕구
다양한 행동형		관용기질 인정, 완벽
선택적 행동형	→ 기질유형 ←	몰입기질 주체, 몰입
다양한 연대형		교감기질 교감, 교류
선택적 연대형		포용기질 경험, 재미

아래 표는 에너지원과 기질욕구 유형에 따른 총 16가지 기질유형을 나타냅니다. 16가지 기질유형은 각기 다른 정서와 행동특성을 지니며, 독특한 기질적인 핵심욕구를 가지고 있습니다.

에너지원 기질유형	다양한 행동형	선택적 행동형	다양한 연대형	선택적 연대형
관용기질	MA-F Multiple Activity Forbearance 다양한 행동형 관용기질	SA-F Selective Activity Forbearance 선택적 행동형 관용기질	MU-F Multiple Union Forbearance 다양한 연대형 관용기질	SU-F Selective Union Forbearance 선택적 연대형 관용기질
몰입기질	MA-A Multiple Activity Adherence 다양한 행동형 몰입기질	SA-A Selective Activity Adherence 선택적 행동형 몰입기질	MU-A Multiple Union Adherence 다양한 연대형 몰입기질	SU-A Selective Union Adherence 선택적 연대형 몰입기질
교감기질	MA-C Multiple Activity Communion 다양한 행동형 교감기질	SA-C Selective Activity Communion 선택적 행동형 교감기질	MU-C Multiple Union Communion 다양한 연대형 교감기질	SU-C Selective Union Communion 선택적 연대형 교감기질
포용기질	MA-E Multiple Activity Embrace 다양한 행동형 포용기질	SA-E Selective Activity Embrace 선택적 행동형 포용기질	MU-E Multiple Union Embrace 다양한 연대형 포용기질	SU-E Selective Union Embrace 선택적 연대형 포용기질

STA
기질검사 분석방법

본서는 아동의 기질유형에 따른 특성을 설명하고 기질적으로 타고난 에너지원, 핵심욕구를 자세하게 안내합니다. 보다 구체적인 자기조절방법과 정서발달방법에 관해서는 전문가의 해석상담을 통해 도움을 받기를 권합니다.

교사가 기질검사 해석과 진단을 정밀하게 하고자 하는 경우, STA기질 민간자격과정 기질분석상담사 2급/1급, STA기질부모교육전문가 등을 통해 정식으로 배우고 자격을 취득한 뒤 실시하길 권합니다. STA기질검사지의 사용은 전문가 자격증을 취득했을 때 사용할 수 있으며, 해석상담은 기질분석상담사 및 STA기질부모교육전문가 자격증을 취득하신 전문가를 통해 상담을 받으시기를 권합니다.

STA검사지를 통한 기질유형을 파악할 때, '검사'와 '평가' 용어를 구분할 필요가 있습니다.

STA 기질검사

STA검사지를 통해 부모 혹은 교사가 검사 후, STA기질검사 결과지를 받는 것은 검사입니다. 검사는 검사자의 주관적인 평가를 통해 나타난 결과로, 검사를 실시하는 검사자부모.교사의 관찰 시선과 판단기준에 따라 결과가 달라질 수 있습니다. 특히 검사자가 객관적인 관찰과 평가가 아니라 주관적인 인상과 느낌으로 검사하는 경우에 그 결과는 매우 주관적일 수 있습니다. 따라서 교육기관에서 STA기질검사를 실시할 때는 교사와 부모가 각각 아동에 관한 기질검사를 실시하여 서로가 바라보는 시선과 관찰 내용이 어떻게 같고 다른지 살피는 것이 도움이 됩니다. 특히 교사는 가정에서 부모가 아동을 객관적 혹은 주관적으로 보는지 파악하고, 가정에서의 모습과 교육기관의 모습이 다른지 파악해볼 수 있습니다. 부모는 자신의 관찰 시선이 객관성을 잃은 것인지 교사를 통해 인식하고, 적절한 관찰 기준과 평가 기준을 배우고 익혀 아동을 양육하는 것이 필요합니다. 또한 교실과 사회환경에서 자녀의 모습을 알고 자녀를 도울 수 있습니다.

STA 기질평가

　　STA기질평가는 기질분석상담사를 통해 진행하는 정식 기질평가입니다. 기질평가는 부모와 교사의 기질검사 자료를 참고하나, 전문가가 아동의 놀이관찰 및 부모와의 상호작용을 관찰하고, 부모의 기질, 부모와의 면담 및 아동의 발달사와 양육사를 모두 종합하여 진단하고 평가한다는 것을 뜻합니다. 기질평가는 아동에 관한 보다 전문적이고 객관적인 진단과 분석을 포함한 평가입니다. 따라서 실제로 부모와 아동이 위드유치료교육연구소를 방문하여 받는 기질평가는 전문가의 검사 외 관찰 및 면담과정을 종합한 결과로 전달됩니다. STA기질평가의 경우 전문가의 관찰 및 분석능력이 중요하며 검사자료와 실제 관찰되는 정서, 행동특성 진단, 부모의 양육태도와 심리적 상태를 모두 종합하여 진단할 수 있는 전문성이 중요합니다.

　　STA기질검사 후 해석상담시 이 책의 3장, 4장 도서 내용을 참고하면 기질적 성품 특성과 정서 및 행동특성을 알 수 있습니다. 또한 아동의 타고난 에너지원과 핵심욕구를 이해하고 그에 따른 교실 속 교육방법과 가정 내 양육방법을 안내할 수 있습니다.

　　교사가 아동의 기질검사 및 기질상담을 할 때의 특별한 점은 교실에서 아동을 면밀하게 관찰할 수 있다는 것입니다. 아동이 부모와 등원하고 헤어지는 순간부터 부모와 재회하는 하원 시간까지 아동의 행동과 정서 반응은 모두 기질을 내포하고 드러내고 있습니다. 그러므로 아동의 검사결과와 더불어 관찰내용을 종합적으로 보면서 아동의 기질을 파악한다면 보다 정확한 기질 특성을 파악할 수 있을 것입니다.

교사의 아동관찰과 기질검사를 마쳤다면, 다음 순서대로 분석을 해보길 권합니다. 또한 가정과 연계하여 부모에게 아동의 기질을 설명해야 할 때도 다음의 순서를 지켜 전달하면 부모가 아동을 전체적으로 이해하도록 도울 수 있습니다. 특히 아동의 교실 내 실수행동과 문제행동 지도가 필요할 경우, 10가지의 분석 단계 중 어느 단계에 집중하여 분석하고 상담할지 결정해야 합니다.

STA기질검사의 분석 10가지

❶ 기질적으로 타고난 성품을 인식합니다.

❷ 기질적으로 타고난 정서와 행동 특성을 인식합니다.

❸ 기질적으로 가지고 있는 강점자원과 약점자원을 인식합니다.

❹ 에너지원을 통해 기질적으로 타고난 활력을 얻는 방법을 분석합니다.

❺ 기질욕구를 통해 기질적으로 획득하기 원하는 핵심욕구를 파악하고 분석합니다.

❻ 정서영역을 통해 기질적으로 갖는 정서 특성과 아동에게 적합한 정서 발달방법을 분석합니다.

❼ 조절영역을 통해 기질적으로 갖는 조절 특성과 아동에게 적합한 조절지도방법을 분석합니다.

❽ 기질의 개인적 특성, 사회적 특성을 구분하여 가정과 사회에서 드러나는 특성을 분석합니다.

❾ 현재 어려움, 문제행동, 갈등 등 주 호소 문제가 있다면, 기질발달 과정의 문제 혹은 기질발달의 불균형 문제를 찾아 분석하고 진단합니다.

❿ 20가지의 소척도의 균형과 불균형을 통해 현재 아동에게 나타나고 있는 어려움, 문제행동, 특수한 욕구를 분석하고 적합한 교육, 심리, 양육지원에 대한 구체적 방법을 찾습니다.

3장

STA 기질검사
결과지 해석 방법

1. 기질검사의 아동 정보 및 기질유형 특성을 파악한다.

기질검사를 받으면 아동의 이름과 아동의 기질유형을 확인합니다. 기질검사에 표시되어 있는 에너지원, 기질욕구, 조절력, 정서성을 확인합니다. 기질검사 하단에 나와있는 자신의 기질유형 설명을 읽고, 아동을 잘 드러내는 단어 혹은 문장을 찾고 아동의 기질적 특성을 확인합니다.

2. 아동의 기질유형
주요 특성을 파악한다.

기질검사에 표기 된 에너지원, 기질욕구, 조절력, 정서성의 특성을 확인합니다. 기질검사 결과지 표에 색깔로 표시된 부분이 아동의 기질유형 특성을 의미합니다. 결과지 표에 표시된 에너지원 에너지를 얻는 방법, 기질욕구 기질적 핵심욕구와 조절력 조절하는 특성, 정서성 정서가 발달하는 특성에 대한 특성을 파악합니다.

STA 자기발견 기질검사 프로파일
Self-discovery Temperament Assessment

STA(Self-discovery Temperament Assessment : 자기발견 기질검사)는 개인의 타고난 경향성을 평가하여 이해할 수 있도록 고안된 기질검사입니다. STA는 개인이 타고난 기질을 16가지 유형으로 나누며, 9가지 기질요소들의 조화와 균형을 통해 기질의 깊은 고유한 경향성을 분석합니다. STA 자기발견 기질검사를 통해 자신이 타고난 기질을 이해하고 수용함으로써 자신만의 빛깔을 발견하기를 소망합니다.

자신의 기질유형을 확인하세요.

이 름	최 은 정 (여)	생 년 월 일
검사응답자	최 은 정 (여)	대상자와 관계
검 사 일	2023. 01. 16	담당 전문가

■ STA 기질점수 결과
선택적 연대형 관용 기질 SU-F Selective-Union Forbearance Temperament (full version : 사회성이 깊은 연대형 기질)

**기질유형
주요특성**

나의 에너지원
나의기질욕구
나의 조절자원
나의 정서자원

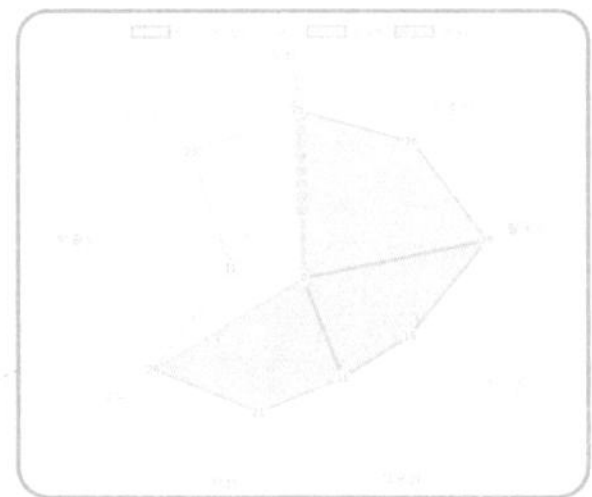

요인	점수
사회성	25
리더성	26
활동성	28
접근성	18
적극성	16
표현성	21
민감성	26
자율성	11
지구성	25

에너지원	다양한 질동형	선택적 행동성	다양한 연대형	선택적 연대형
기질욕구	완벽과 인정	몰입과 주체감	공감과 교류	참여와 균형감
조절력	자기중심 조절	집중중심 조절	**활동중심 조절**	주의 조절
정서성	적응적 정서성	표현적 정서성	**민감한 정서성**	주의 요함

■ STA 기질유형 설명
선택적 연대형 관용 기질은 자신이 신뢰하는 사람들과의 선택적인 관계에서 에너지를 얻는 연대형 기질입니다. 그래서 신중하게 관계를 맺으며, 신뢰와 인정을 기반으로 하는 관계와 환경에서 일을 완벽하게 성취하려는 기질입니다. 기본적으로 독립적으로 개인적 욕구에 집중하여 일을 완수하나, 주변과 조화를 맞추려는 관용기질을 가지고 있어, 자신의 욕구와 정서를 조절하며 삶의 균형을 맞추려고 합니다. 이러한 균형과 안정감 속에서 자신이 선택한 욕구와 일을 완수하며, 개인적 확신감을 얻으려고 하며, 이에 대한 사회적 인정을 받을 때 더욱 안정적인 확신감을 얻습니다. 스스로 확신과 분명한 목적이 있을 때 성실하고 책임감 있게 일을 완수하는 기질이 있으며, 자신이 신뢰하는 관계에서 더욱 책임을 다합니다. 그러나 타인에 대한 섬세한 생각과 정서적 민감성을 가지고 있어 사회적 상황에서 민감하게 어울리며 편안하게 자신의 마음과 정서를 표현하기가 쉽지 않습니다. 그래서 익숙하거나, 안정된 환경에서 자신이 가지고 있는 주도성과 섬세한 관계력을 긍정적으로 발휘하는 기질입니다.

가장 높은 점수: 강점
가장 낮은 점수: 약점

나의 기질유형 설명

나를 드러내는 단어는?
예: 신중하게 관계, 완벽하게 성취, 스스로 확신

3. 기질검사
조절력 특성을 파악한다.

기질검사에 나타난 아동이 자기조절 방법 유형 특성을 파악합니다. 주의 요함은 기질적으로 자기조절을 할 수 있는 자원이 취약하여, 조절문제가 쉽게 발생할 수 있다는 것을 의미합니다.

에너지원	다양한 행동형	선택적 행동형	다양한 연대형	선택적 연대형
기질욕구	완벽과 인정	몰입과 주체성	교감과 교류	경험과 즐거움
조절력	규칙중심 조절	집중중심 조절	활동중심 조절	주의 요함
정서성	적응적 정서성	표현적 정서성	민감한 정서성	주의 요함

- 규칙중심 조절: 규칙을 중심으로 조절하는 유형
- 집중중심 조절: 인내심을 중심으로 조절하는 유형
- 활동중심 조절: 활동을 중심으로 조절하는 유형
- 주의 요함: 조절력 자원이 적은 특징으로 인해 에너지가 고갈되거나, 조절하는 균형을 읽지 않도록 주의해야하는 유형

4. 기질검사
정서성 특성을 파악한다.

기질검사에 나타난 아동이 정서발달 유형 특성을 파악합니다. '주의 요함'은 기질적으로 정서발달을 할 수 있는 자원이 취약하여, 정서를 인식하고 표현하고 다른 사람에게 공감하는 등의 정서능력에 문제가 발생할 수 있다는 것을 의미합니다.

에너지원	다양한 행동형	선택적 행동형	다양한 연대형	선택적 연대형
기질욕구	완벽과 인정	몰입과 주체성	교감과 교류	경험과 즐거움
조절력	규칙중심 조절	집중중심 조절	활동중심 조절	주의 요함
정서성	적응적 정서성	표현적 정서성	민감한 정서성	주의 요함

- 적응적 정서성: 다른 사람과 어울리며 감정을 발달하는 유형
- 표현적 정서성: 기분을 표현하며 감정을 분화하며 발달하는 유형
- 민감한 정서성: 민감한 감정들을 인식하고 정돈하며 발달하는 유형
- 주의요함: 둔감하거나 표현하지 않거나 다른 사람들과 감정을 공유하며 힘들어 할 수 있는 주의 필요 유형

5. 아동의 개인적 기질 발현, 사회적 기질 발현의 차이를 파악한다.

기질 검사의 두 색깔의 그래프는 개인적인 상황에서 기질 발현 정도와 사회적 상황에서 기질 발현 정도를 나타냅니다. 기준 점수는 10점으로, 10점을 기준으로 높고 낮음을 해석하며 개인과 사회적 기질점수 차이가 5점이상이라면 가정과 교육기관에서의 모습이 많이 다를 수 있다고 볼 수 있습니다. 혹, 전반적으로 사회적 기질발현 그래프가 낮은 점수를 보이고 있다면, 교실 안에서 심리적으로 위축되어 있거나 사회성 발달이 지연되는 것을 의미할 수 있으므로 전문적인 기질 및 발달검사가 필요합니다.

6. 기질검사 9가지 척도의 개인적 특성과 사회적 특성을 파악한다.

기질검사에 나타난 아동이 개인적으로 기질을 발현하는 특성과 사회적으로 기질을 발현하는 특성을 파악해봅니다. 10점 이상이면 강점자원이지만, 10점 미만이라면 약점입니다. 9가지 특성의 차이를 보면서 아동의 행동과 정서특성을 이해하고 파악해볼 수 있습니다. STA기질검사는 매우 세부적이고 구체적인 기질검사 도구입니다. 그러므로 자세한 기질분석과 해석은 기질분석상담사 혹은 STA기질부모교육전문가에게 전문적인 해석상담을 받기를 권합니다.

자격과정 및 자격을 갖춘 전문가는 위드유치료교육연구소 홈페이지에 나와 있습니다. 홈페이지에 명시되지 않는 사람은 정식으로 자격을 취득하지 않는 것이므로 주의하여 상담을 받기를 권합니다.

이　　　름	최 은 정 (여)	생 년 월 일	
검사응답자	최 은 정 (여)	대상자와 관계	
검 사 일	2023. 01. 16	담당전문가	

■ STA 기질점수 세부분석 그래프

선택적 연대형 관용기질　SU-F　Selective Union Forbearance Temperament
(old version : 사회성이 낮은 억제성기질)

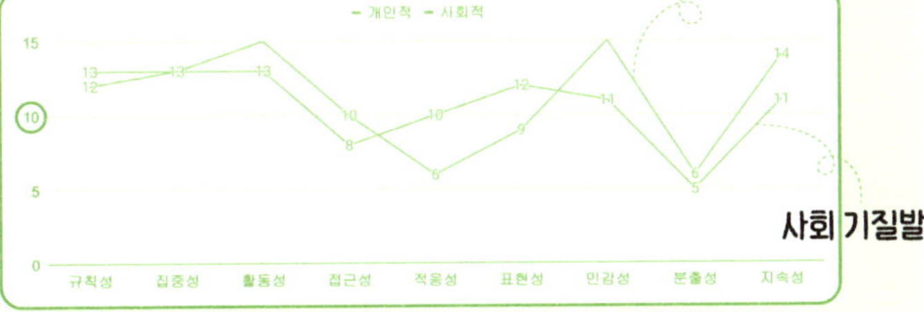

■ 나의 개인 및 사회적 기질요소 차원의 조화 정도는?
나의 개인 및 사회적 기질요소 차원의 불균형은?
(STA해석상담은 STA기질분석상담사에게 받으세요.)

개인적 활동성	말하고 움직이는 신체 활동으로 개인 욕구를 드러내는 외적 활동성		
사회적 활동성	마음의 동기와 욕구를 가지고 사회에서 자신의 욕구를 드러내는 내적 활동성		
개인적 집중성	개인 활동에 대한 집중성	**개인적 지속성**	개인 욕구를 지속하는 경향
사회적 집중성	사회적 환경, 타인에 대한 집중성	**사회적 지속성**	사회관계에서 욕구를 지속하는 경향
개인적 민감성	신체, 환경 자극에 대한 민감성	**개인적 분출성**	개인의 부정감정 표현 세기 정도
사회적 민감성	관계와 정서 자극에 대한 민감성	**사회적 분출성**	사회에서 부정감정 표현 세기 정도
개인적 적응성	개인의 사회 적응 적극성	**개인적 접근성**	개인의 낯선 것에 갖는 호기심
사회적 적응성	사회 관계에 어울리는 유연성	**사회적 접근성**	낯선 사회환경, 관계에 접근하는 정도
개인적 규칙성	개인의 생리적 리듬성	**개인적 표현성**	개인적 기분 표현의 질
사회적 규칙성	사회적 규범에 대한 관용	**사회적 표현성**	관계에서 표현하는 기분 표현의 질

✿ 활동성

개인	사회	
계속 움직인다. 가만히 있는 것보다 움직이는 게 낫다.	사회적으로 의미있는 활동을 좋아한다. 사회적으로 인정받는 활동을 선호한다.	↑ 10점 ↓
집에 들어가면 안 움직이고 싶다. 집에 들어가면 거의 누워있는다.	해야 할 책임을 다했다면 충분하다. 인정받고자 하는 욕구는 적다.	

🌸 접근성

개인	사회
호기심이 있으면 직접 해본다. 새로운 것에 관심이 많고, 해보고 싶다.	새로운 사람들을 만나는 게 좋다. 낯선 사람에게 다가가는 것이 쉽다.
호기심이 있어도 모두 시도하지 않는다. 굳이 새로운 것을 하러 나가지 않는다.	익숙한 사람들을 만나는 게 좋다. 낯선 사람에게 굳이 다가가지 않는다.

10점

🌸 적응성

개인	사회
새로운 환경에 바로 적응한다. 낯선 환경이라고 불편하지 않다.	사람들과 어울리는 것 자체가 즐겁다. 관심사가 달라도 어울리는 게 즐겁다.
장소와 환경변화에 적응이 어렵다. 익숙한 장소를 편안해한다.	낯선 사람들과 친해지는 건 불편하다. 관심사가 다르면 굳이 친해지지 않는다.

10점

🌸 규칙성

개인	사회
생리적 리듬과 패턴이 정해져 있다. 고정된 일상규칙대로 생활한다.	사회적 약속, 규범에 순응한다. 양심과 규칙에 따라 행동한다.
수면, 식사 리듬이 불규칙하다. 생활규칙과 습관형성이 어렵다.	주관에 따라 규칙을 지키지 않는다. 약속, 규범, 규칙에 순종적이지 않다.

10점

🌸 집중성

개인	사회
하기 싫은 것도 집중을 잘한다. 흥미가 없어도 끈기 있게 해결한다.	주변 상황을 주의 깊게 인지한다. 타인의 말을 경청하고 집중한다.
하기 싫은 것에 집중하지 못한다. 복잡하게 생각하는 것을 어려워한다.	주변 상황을 주의 깊게 보지 않는다. 타인의 말과 행동을 보고 듣지 않는다.

10점

🌸 표현성

개인	사회	
자신의 기분을 솔직하게 드러낸다. 각성 수준이 높다.	다른 사람에게 기분 반응을 잘한다. 기분상태가 타인에게 대체로 드러난다.	↑ 10점 ↓
편안한 상황이나 관계에서 무뚝뚝하다. 기분 변화가 적고 잘 표현하지 않는다.	사람들 앞에서 기분을 드러내지 않는다. 사회 관계에서 굳이 표현하지 않는다.	

🌸 민감성

개인	사회	
오감이 민감하다. 감각이 예민하다.	감정변화에 민감하다. 감정을 잘 알아차리고 해석한다.	↑ 10점 ↓
감각이 둔하다. 감각을 빨리 알아차리지 못한다.	다른 사람의 감정반응에 둔감하다. 다른 사람 감정을 해석하지 못한다.	

🌸 분출성

개인	사회	
역치가 낮아서 쉽게 화가 난다. 쉽게 화, 분노를 분출한다.	부정적 감정반응이 강하다. 분노, 화를 세게 분출한다.	↑ 10점 ↓
거의 화가 나지 않는다. 화를 내는 것이 불편하다.	부정적 감정분출이 약하다. 거의 감정분출을 강하게 하지 않는다.	

🌸 지속성

개인	사회	
자신의 생각이 강하다. 생각을 주장하려고 한다.	감정 기억을 오래한다. 감정 기억을 말하고 싶어한다.	↑ 10점 ↓
자신의 생각을 주장하지 않는다. 다른 사람의 생각을 따르는 편이다.	감정 기억을 쉽게 잊는다. 화가 난 기억도 금방 사라진다.	

4장

STA 기질,
에너지원과 교육

기질적으로 타고나는
에너지원

STA기질에서 말하는 에너지원은 삶의 에너지, 활력, 생기를 얻는 방법을 의미합니다. 단순하게 잠깐의 에너지를 얻는 것이 아닌 삶의 근본적인 힘을 얻는 타고난 결입니다. 자신의 에너지원이 무엇인지 알 때 에너지가 왜 소진되는지 알 수 있고, 에너지를 어떻게 얻는지 인식하고 자신을 돌볼 수 있습니다.

선생님은 어떻게 에너지를 얻고 있나요?
선생님은 언제 에너지가 소진되나요?

교실에서 많은 아동을 보살피고 교육하는 긴 시간 동안 내가 왜 에너지가 소진되는지, 언제는 왜 에너지가 충전되는지 알고 있다면 스스로 자신을 돌볼 수 있습니다. 교사의 에너지가 먼저이며, 교사의 에너지가 충만할 때 교실 안 아이들의 에너지를 챙길 수 있습니다. 그러므로 선생님들께서 나의 에너지원을 알고, 내가 에너지를 얻을 수 있는 시간과 환경, 여건을 꼭 마련하시길 권합니다. 교사가 먼저입니다. 그 이유는 교사가 아이들을 품고 지키고 가르치고 함께 머무르며 안내하는 존재이기 때문입니다.

에너지원을 이해하게 되면, 교실 속 아동이 보였던 정서와 행동을 새로운 측면에서 바라보고 해석할 수 있게 될 것입니다. 아이와 어른 모두 자신이 에너지가 떨어지면 본능적으로 자신이 타고난 방법으로 에너지를 얻으려고 행동합니다. 그것이 타고난 기질이 갖는 자연스러운 행동양식입니다.

에너지원은 4가지 유형이 있습니다. 설명을 읽으면서 나와 아동이 각각 어떤 에너지원을 가지고 있는지 살펴보길 바랍니다. 그러면 왜 내가 어떤 아동과 있을 때 에너지가 높아졌는지, 내가 어떤 아동과 있을 때 특별히 힘든 일이 있는 것이 아닌데도 불구하고 왜 에너지가 소진되었는지 알 수 있을 것입니다.

다양한 행동형

　다양한 행동형이란, 에너지를 얻는 방법이 다양한 행동이라는 뜻입니다. 다양한 행동형 에너지원을 가진 아동은 행동을 통해 에너지를 얻으려고 합니다. 그래서 아동이 에너지가 없을수록 움직이고, 말하고, 무엇인가를 하려는 행동을 하려고 합니다. 이러한 특징 때문에 아동이 4세 정도 되면 에너지가 없어서 졸린데도 누워서 자려고 하지 않고 졸린 눈을 비벼가면서 더욱 뛰어 다니고, 더 과장된 몸짓으로 점프하고, 소리를 높여 말하고, 뭔가를 계속 하려고 하는 것입니다. 아이 나름대로 소진된 에너지를 얻기 위해서 애쓰고 있는 것입니다.

　다양한 행동형 에너지원 안에서도 세부 유형이 있습니다.

　동기가 높은 아동은 무엇인가를 하려는 마음이 동력이기 때문에 무엇이든 꺼내어 장난감을 늘어놓은 채 이것저것을 해보려고 합니다. 동기란, 뭔가를 하려는 상태이기 때문에 분명한 목적이나 계획이 있는 상태는 아닙니다. 그래서 장난감을 선택하고 결정해서 놀이하는 것이 아니라 우선 뭐라도 눈에 보이는 것을 꺼내보는 것입니다. 그래서 주변 친구들의 놀이가 재밌어 보이면 그 놀이를 따라해보기도 하고 어울려 보면서 흥미를 자극하는 활동을 하는 상태에 있고 싶어합니다. 아동의 마음을 동하는 새로운 자극이나 어떤 활동이라면 그것을 통해 아동은 에너지를 얻을 수 있습니다.

욕구가 높은 아동은 자신이 분명히 원하는 것이 정해져 있으며, 자신이 정한 그 활동과 행동을 함으로서 에너지를 얻으려는 아동입니다. 욕구란 원하는 것을 갖고자 하는 것입니다. 그래서 아동이 원하는, 이미 마음으로 정한 간식, 놀이, 활동이 있기 때문에 꼭 그것을 해야 에너지가 얻어집니다. 다른 것을 한다고 에너지가 얻어지는 것은 아닙니다. 그래서 욕구가 높은 다양한 행동형 에너지원을 가진 아동의 경우, 교사가 보기에 여러 가지 활동에 참여하면 좋지만 아동의 입장에서는 자신이 하고 싶은 쌓기 영역에서 꼭 한 번은 놀아야 에너지가 얻어지는 것이고, 자신이 정한 보드게임을 꼭 한 번은 해야 에너지가 얻어졌다고 볼 수 있는 것입니다.

신체활동량이 높은 아동은 몸을 움직이는 활동으로 에너지를 얻으려는 경향이 우세한 경우입니다. 그래서 많이 움직이고 말하고 운동하는 것이 필요한 아동입니다. 이 경우 놀이터에서 신나게 노는 것만으로도 에너지가 충전되지만, 앞서 언급한 동기와 욕구가 높은 아동의 경우 밖의 놀이터에서 오래 논다고 에너지가 얻어지는 것은 아닙니다.

선택적 행동형

선택적 행동형이란, 자신이 하고 싶다는 동기와 욕구를 가지고 선택한 활동을 할 때 에너지를 얻는다는 뜻입니다. 그래서 자신이 선택하거나 좋아하는 것을 할 때는 매우 적극적인 활동성을 보이지만, 기본적으로 갖고 있는 에너지량이 많지 않아서 그 외 시간은 쉬거나, 이완되어 있습니다. 아동이 좋아하는 놀이터에서 놀 때는 거의 날아다니는 것처럼 쏜살같이 잡기 놀이도 잘하고 신나서 친구들에게 말도 많고 잘 웃는 적극적인 모습을 보이지만, 교실에 들어와서 관심이 없는 활동을 할 때는 거의 말도 없고 가만히 앉아 있거나 종종 멍해지기도 합니다. 어린 5세 미만의 아기들은 원하는 놀이를 할 때는 앉고 걸어 다니며 놀지만, 그 외에는 쉼의 영역에서 누워있거나 거의 신체활동을 쓰지 않고 놀이하는 정적인 활동을 하기도 합니다.

선택적 행동형 에너지원 안에서도 세부 유형이 있습니다.

동기가 높은 아동은 하고 싶은 동기가 있을 때는 움직이고, 활동하고, 참여하지만 동기가 자극되지 않으면 정적인 모습을 보일 것입니다. 동기가 자극되었을 때 즉각 활동으로 연결되지 않으면 금방 하고 싶다는 마음이 주춤거리기도 합니다.

욕구가 높은 아동은 원하는 것만 하고, 그 외에는 반응하지 않거나 참여하지 않거나 교사가 아무리 제안하고 유도하여도 반응하지 않다보니, 활동에 적극적으로 참여하게끔 하기가 어려운 기질의 아이입니다. 자신의 욕구에만 반응하는 아동이고, 그 욕구가 많지 않고 선택적인 행동만을 원하다보니 주변 환경 자극을 보면서도 하고 싶다는 의욕이 낮습니다.

신체활동성이 높은 아동은 원하는 것을 할 때는 열심히 뛰고 움직이지만 그 외 활동에서는 전혀 몸을 움직이려고 하지 않다보니, 교사가 볼 때 하기 싫은 것을 해야 할 때 일부러 힘이 없는 척하는 것은 아닌지 생각하게 되기도 합니다. 그럴 수 있는 것이 원하는 것을 할 때와 몸이 처져 있을 때가 확연히 다르기 때문입니다.

다양한 연대형

다양한 연대형이란, 다양한 사람들과의 연대감을 통해 에너지를 얻는다는 뜻입니다. 그래서 다양한 연대형 에너지원을 가진 아동은 새로운 사람을 만나는 것을 좋아하고, 길거리에서도 모르는 사람들에게 쉽게 다가가서 인사를 나누고 대화를 하기를 좋아하며, 놀이터에서 새로운 친구, 형과 언니들과 어울려 놀고 싶어하는 것입니다. 다양한 연대형 에너지원을 가진 아동은 혼자 놀이하는 것으로는 에너지가 충족되지 않으며, 한두 명과 놀이하는 것보다는 여러 명의 친구들과 다 같이 뛰어다니면서 잡기놀이를 하거나 우루루 몰려 다니면서 놀거나 집단 놀이처럼 다 같이 참여하는 놀이를 더 좋아합니다.

다양한 사람을 좋아하는 아동은 새로운 사람, 낯선 사람, 새 친구 만나는 것을 좋아합니다. 놀이동산을 가더라도 사람들이 많은 날, 시끌벅적한 환경에서 노는 것이 더 좋으며 모르는 친구들과 친해져서 놀이할 수 있다면 더욱 신나서 놀 것입니다. 이러한 점이 유아기에는 외현적으로 볼 때 사회성이 높다고 보이나, 실은 사회성이 좋다기보다는 아동이 갖고 있는 특징이 타인에게 먼저 접근을 잘하는 것이기에 나타나는 점입니다. 실제로 다른 사람들에게 쉽게 말도 걸고 인사도 하고 어울려 놀이하지만 실제로 사람에게 관심이 많아서가 아닐 수도 있습니다. 다양한 연대형 에너지원을 가진 아동은 많은 연대를 맺는 환경에서 에너지를 얻으려고 하는 것이다 보니, 함께 놀이했던 친구들의 이름을 기억하지 못할 수도 있습니다.

다양한 만남을 좋아하는 아동은 먼저 사람들에게 다가가는 것을 어려워할 수 있지만, 친구들에게 소속되어서 어울릴 때 에너지를 얻는 아동입니다. 그래서 내 놀이를 주장하고 내 놀이를 꼭 하는 것보다 친구들 무리에 같이 놀이할 수 있는지 없는지가 훨씬 중요한 아동입니다. 아동이 자신의 주장을 잘 못하는 것이 아니라, 자신이 에너지를 얻는 방법이 같이 어울리는 것이기 때문에 그렇게 보입니다.

다양한 환경을 좋아하는 아동은 사람보다는 외부 자극, 외부 장소, 외부 환경을 즐길 때 에너지를 얻는 아동입니다. 그래서 새로운 장소에 가면 구석구석 직접 가보고 싶어하고, 새로운 길로 들어가고 싶어 하며, 처음 가는 장소에 가면 여기저기 구경하기 바쁩니다. 사람들과 놀려고 하기보다는 환경에 관심이 많다 보니 주변으로 시선이 향하는 특성이 있습니다. 그래서 다양한 연대형 에너지원 아동 중 환경에 관심이 많은 아동은 교실 내 친구보다는 교실에 들여놓은 새로운 교구에 관심이 많고, 창문 밖에 풍경 등 외부에 시선이 향하는 특징을 보입니다.

선택적 연대형

선택적 연대형이란, 자신이 선택한 대상과의 연대를 통해 에너지를 얻는 것을 뜻합니다. 선택적 연대형 에너지원을 가진 아동의 특징은 선택적 연대이기 때문에 자신이 선택한 사람과의 관계가 중요하고, 다수가 아닌 일대일 관계가 필요한 아동입니다. 그래서 주양육자와 일대일 관계에서 에너지를 얻었듯이 교실에서도 선생님과 일대일 관계를 계속 원하는 모습을 보이며, 교실에서 놀이할 수 있는 단짝 친구가 에너지원이 되기도 합니다. 만약 교실 내 단짝 친구가 없다면 에너지원을 얻을 수 없어서 유독 양육자를 찾거나, 교사에게 의지하며 적응을 어려워할 수 있습니다.

선택적 사람을 원하는 아동은 자신이 선택한 한 사람과의 안정적인 관계를 원하는 아동입니다. 그래서 교실에서 선생님을 선택한 아동은 교실에 적응하는 과정에서 선생님께 껌딱지처럼 붙어 있기도 합니다. 특히 혼자 적극적으로 놀이하는 것을 어려워하는 아동이라면, 스스로 놀이를 통해 긍정적 기분과 성취적 욕구를 충족하기 어렵다 보니 더욱 선생님을 찾을 수 있습니다. 특정 선생님에게 선택적 연대를 하는 경우이기 때문에 선생님이 잠시 화장실을 가려고 하거나 다른 보조 선생님이 돌봐주려고 하면 쉽게 마음을 열지 않을 수 있습니다. 특히 이 유형의 경우, 아동의 교실 내 적응을 위해서는 한 명의 친구와 자주 만나면서 익숙한 또래 관계를 형성하는 것이 매우 중요합니다.

선택적 만남을 원하는 아동은 자신이 선택한 친구들이 다가올 때는 거부하지 않지만, 자신이 선택하지 않은 친구들이 다가오면 회피하는 다른 반응을 보이기도 합니다. 자신이 선택하고 원하는 친구와 놀이할 때는 불편한 상황도 잘 넘기지만, 자신이 원하지 않은 친구가 친절하고 배려하며 다가와도 회피하거나 반기지 않는 경우가 있습니다. 그래서 선택적 연대형 에너지원 중 선택적 만남이 우세한 아동의 경우 관계의 개방성이 낮은 특징이 유독 강하게 드러나기도 합니다. 그러다 보니 친한 만남에서는 아동의 적극적인 모습이 드러나지만, 친숙하지 않거나 방어적인 관계에서는 매우 소극적이거나 조용한 모습이 나타나기도 합니다.

선택적 환경을 원하는 아동은 혼자만의 시간과 공간 속에서 에너지를 얻는 아동입니다. 그래서 자신만의 안전한 공간, 침해받지 않는 공간, 편안한 공간 속에서 조용한 시간을 보내는 것이 중요한 아동입니다. 그래서 선택적 연대형 에너지원 중 환경이 중요한 아동의 경우, 교육기관에서 자유선택놀이를 할 때 한쪽 구석에서 혼자 조용히 놀거나, 사람들이 가장 적은 자리를 찾아갑니다. 하원 후 집에서 혼자 조용히 자기 방에서 노는 시간이 아동에게는 힐링타임일 수도 있습니다. 이러한 특징이 있다 보니, 여러 명의 아동이 같은 공간에서 놀이할 때 자신의 영역이 방해되거나 침범되는 것에 예민하고 자신만의 영역을 만들려는 행동 특성을 보일 수도 있습니다.

에너지원 유형에 따른 에너지를 얻는 방법

유형	에너지 얻는 방법	설명
다양한 행동형	• 활동, 외출, 움직임, 말하는 것 • 원하는 것을 얻는 것	활발하게 움직이고 외부 자극에 반응하고 활동하면서 에너지를 얻습니다.
선택적 행동형	• 자신이 하고 싶은 활동만 하는 것 • 나머지는 쉬면서 회복하는 것	관심 있는 것에 적극적인 반응과 활동을 하고, 그 외 시간은 쉼과 이완된 시간으로 충전합니다.
다양한 연대형	• 여러 사람과 어울리는 것 • 여러 사람들이 있는 모임	새로운 사람과 새로운 환경에서 에너지를 얻고 역동적인 관계와 집단활동으로 에너지를 얻습니다.
선택적 연대형	• 혼자만의 시간 • 일대일 관계	자신이 선택한 소수 관계에서 에너지를 얻거나 혼자 있는 시간과 환경에서 에너지를 얻습니다.

기질적 에너지원과
행동 이해

기질적으로 타고난 에너지원과 아동의 행동을 연결해 보면 아동을 이해할 수 있습니다. 아래 표에 나타난 행동을 아동이 보일 때, 현재 교실에서 에너지를 얻지 못하고 있다는 것을 의미합니다. 다음 표에 나타난 행동을 보인다면, 자신이 타고난 에너지원 방법대로 에너지가 잘 얻어지지 않고 있다는 신호입니다. 아동이 자신이 타고난 에너지원을 얻을 수 있는 적절한 방법을 배울 수 있도록 가르치고 도와주어야 합니다.

4가지 에너지원을 세부적으로 나누어 놓았으나, 에너지원 행동 특징은 겹쳐서 나타날 수 있습니다. 그러나 주된 에너지원은 하나이며, 두 가지 유형이 섞여 있지는 않습니다. 아동이 익숙하고 편안한 상황이 아닌, 낯선 상황에서 드러난 모습으로 분석할 때 좀 더 타고난 기질을 관찰할 수 있습니다. 다만 아동이 심리적인 불안, 위축 등을 느끼고 있거나, 연령보다 미성숙하여 부모와 심리적으로 분리되지 못했거나, 발달이 지연된 경우 자신이 타고난 에너지원을 정확하게 보여주지 못할 수 있습니다. 그러므로 좀 더 면밀히 관찰하여 기질을 드러내는 행동인지, 발달적 어려움이 드러나는 것인이 분별할 필요가 있습니다.

아동의 에너지원을 이해한 뒤에는 아동이 자신이 타고난 에너지원을 얻을 수 있도록 방법을 지도하고 도와줍니다. 그러나 기질을 존중한다는 것은 아동의 기질을 수용하는 것이지 아동의 기질적 특징을 모든 상황에서 무조건 허용하는 것은 아닙니다. 그러므로 아동이 에너지를 얻는 방법에 지나치게 고착되지 않도록 주의해서 가르쳐야 하고, 아동은 교실이라는 사회에 적응하는 법을 배우는 사회화 과정에 있으므로 교실과 또래관계에서 수용가능한 에너지를 얻는 방법을 적절하게 가르쳐야 합니다. 교사는 아동의 연령에 적합한 방법으로 에너지를 얻는 놀이, 활동을 가르치고 아동이 사회적 유연성, 조절력을 배우며 균형적인 발달을 하도록 교육해야 합니다.

✿ 다양한 행동형 에너지원을 가진 아동들이 에너지를 얻으려고 하는 행동

	아동행동	돕는 방법
동기 우세형	• 장난감을 계속 꺼낸다. • 이것저것을 번갈아 논다. • 갑자기 생각난 것을 한다. • 한 가지 활동을 오래 못한다. • 놀이 마무리가 잘 안된다. • 할 게 없으면 몸놀이를 하고 싶어 한다. • 심심하면 간식을 찾는다.	• 놀이 아이디어를 제안해 준다. • 새로운 놀이 방법을 시연한다. • 늘 놀던 장난감이지만, 다른 방법으로 놀이하며 놀이 방법을 가르쳐준다. • 목표를 정해주는 것보다는 동기와 아이디어를 제공한다.
욕구 우세형	• 좋아하는 놀이를 반복한다. • 원하는 것을 계속 요구한다. • 완성이 안되면 짜증을 낸다. • 자신이 정한 대로 놀이하려고 하고, 놀이나 대사를 시킨다. • 성취하고 싶어 한다. • 못마땅하면 갑자기 특정한 것을 요구한다.	• 좋아하는 놀이를 유지하며 확장하는 방법을 안내한다. • 완성과 성취가 될 수 있도록 작은 도움을 주며 함께한다. • 원하는 것을 언제까지 할 수 있는지 미리 알려준다. • 놀이 전 목표를 정하고 논다.
신체활동 우세형	• 몸을 계속 움직인다. • 갑자기 노래를 부른다. • 갑자기 제자리에서 뛰거나 갑자기 돌아다니며 뛴다. • 몸으로 계속 치댄다. • 심심하면 높은데 올라가서 점프를 하려고 한다. • 심심하면 행동이 과해진다.	• 신체를 움직이는 레크레이션, 전통놀이를 한다. • 만들기 등을 하면서 정적인 신체 활동을 가르친다. • 신체활동과 정적인 활동을 교차하여 지도한다. • 몸 온도를 시원하게 해준다.

✿ **선택적 행동형 에너지원을 가진 아동들이 에너지를 얻으려고 하는 행동**

	아동행동	돕는 방법
동기 우세형	• 흥미가 없을 때 눕는다. • 흥미가 생길 때까지 멍하니 보기만 한다. • 흥미가 없으면 언어영역에 누워있거나 뒹굴뒹굴하며 논다. • 등원하자마자 적극적으로 놀이하는 것을 힘들어한다. • 등원해서 잘 때가 있다.	• 흥미가 있는 놀이를 할 때 교사가 개입하여 놀이시간을 좀 더 길게 유지한다. • 누워있는 시간을 줄이도록 쉼 영역 이불과 소파를 잠시 소거하고 작은 책상을 둔다. • 가정에서 충분한 수면을 할 수 있도록 지도하고, 갑자기 깨워서 서둘러 오지 않도록 주의 시킨다. • 뭔가를 하자고 제안하기보다는 자연스럽게 참여시킨다.
욕구 우세형	• 하고 싶지 않을 때는 대체로 느리게 움직이고 반응한다. • 놀이를 유도해도 참여하지 않고 가만히 있는다. • 원하는 것만 들고 다니거나 가만히 보고 만지기만 한다. • 단순한 활동을 반복한다. • 대체로 말과 행동이 느리다.	• 좋아하는 놀이를 할 때 개입하여 천천히 놀이가 확장되도록 보여주고 모델링을 하는지 지켜본다. • 갑자기 제안하거나 개입하면 불편해할 수 있기 때문에 천천히 말하고 개입해야 한다. • 새로운 놀이를 제안하기보다 익숙한 놀이에서 약간의 변화를 만들어 나간다. • 아이가 좋아하는 놀이를 같이하며 교사가 아동 놀이를 모방하며 동기를 촉진한다.
신체활동 우세형	• 잘 앉아 있지 않고 눕는다. • 앉아 있기 힘들어한다. • 오래 걷기 힘들어한다. • 원하는 것을 할 때만 빠르게 움직이는데 쉽게 지친다. • 몸을 많이 움직인 날은 피곤해서 졸거나 집중하는 것을 어려워한다.	• 아침에 등원할 때 걸어오거나 도착 후, 한 바퀴 산책하면서 몸의 감각을 깨우고 오도록 가정에 부탁한다. • 주말에 너무 과도한 시간을 움직이면서 놀지 않도록 가정에 전달한다. 과도한 신체활동 후 피곤함을 빠르게 회복하기 어렵기 때문 • 일정한 신체활동 시간과 낮잠 시간을 갖는다. • 오전 또는 오후에 일관적인 산책과 나들이를 계획한다.

✿ **다양한 연대형 에너지원을 가진 아동들이 에너지를 얻으려고 하는 행동**

	아동행동	돕는 방법
다양한 사람 우세형	• 친구를 만진다. • 친구의 장난감을 만지면서 관심을 끈다. • 옆 교실 선생님과 친구에게 관심을 보인다. • 친구들이 몰려있는 곳으로 간다. • 여러 친구를 부른다.	• 친구들과 모여서 레크레이션처럼 규칙이 있는 놀이를 한다. • 다양한 역할놀이를 하면서 역동적인 놀이를 제공한다. • 외부에서 갑자기 다가가지 않아야 할 사람은 구별하도록 안전교육을 한다. • 친구를 만지는 것이 아니라, 친구의 놀이 행동을 모방하며 관계를 시작하는 사회적 기술을 가르친다.
다양한 만남 우세형	• 친구들에게 자주 우리 집에 놀러 오라고 한다. • 사람들이 많은 곳에 가려고 한다. 마트, 놀이터 등 • 놀이터에 친구들이 남아 있으면 끝까지 놀려고 한다. • 놀이터에 사람들이 없으면 흥미가 없고 놀지 않는다. • 모르는 형, 누나를 따라간다.	• 친구들과 그룹 놀이를 하면서 팀별놀이를 진행한다. • 친구들 무리와 같이 놀고 같이 헤어지는 시간을 정한다. • 하원 후 일정하게 어울릴 수 있는 소집단을 형성하도록 가정과 연계한다. • 다양한 역할을 해보며 집단으로 놀 수 있는 극놀이를 지도한다.
다양한 환경 우세형	• 밖에 나가면, 주변을 돌아다니고 구경하려고 한다. • 새로운 길로 가고 싶어 한다. • 새로운 장소와 환경에서 뛰어다니고 돌아다니는 것을 좋아한다. • 낯선 장소에서도 문을 열어 보려고 하거나 구경한다. • 익숙한 장소는 재미없어한다.	• 동네, 시장 등 탐험의 날을 정하고 환경탐색을 한다. • 익숙한 공원/장소에서 친구와 자율적인 놀이 기회제공한다. • 체험학습을 가기 전, 먼저 전체적인 환경을 훑어보고 체험을 시작한다. • 환경 탐색이 아닌 활동 성취 경험을 지원한다.

❀ **선택적 연대형 에너지원을 가진 아동들이 에너지를 얻으려고 하는 행동**

	아동행동	돕는 방법
선택적 사람 우세형	• 선생님만 찾는다. • 단짝 친구가 없으면 등원하지 않으려고 한다. • 단짝 친구에게 집착한다. • 단짝 친구랑만 놀려고 한다. • 양육자랑 헤어지는 과정을 유독 힘들어한다.	• 하원 후 단짝 친구와 놀 수 있는 시간을 만들어주도록 가정과 연계한다. • 친구를 만들 수 있도록 일대일 놀이환경을 제공한다. • 유치원 단짝 친구, 동네 단짝친구, 교회 단짝 친구를 따로 만들도록 가정과 연계한다. • 부모가 모두 같이 참여하는 연합놀이를 자주 한다.
선택적 만남 우세형	• 좋아하는 친구랑만 논다. • 다른 친구들에게는 관심이 적거나 없다. • 자발적으로 다양한 친구를 사귀려고는 하지 않는다. • 여러 사람이 있으면 못 놀고 일대일로 있으면 잘 논다.	• 좋아하는 친구와 짝 놀이를 할 수 있는 시간을 제공한다. • 4명이랑 짝을 지어 놀이하는 환경과 기회를 만들어준다. • 친구들 집에 놀러 다니면서 익숙한 친구들을 늘리도록 가정과 연계한다. • 파트너를 바꾸어 놀이해 보는 레크레이션을 통해 자연스럽게 친해지도록 한다.
선택적 환경 우세형	• 시끄러운 환경을 힘들어한다. • 사람들이 많은 환경을 힘들어 한다. 특히 장소가 좁으면 공간적 경계가 없어 힘들다. • 혼자 놀이하려고 한다. • 구석에서 놀이하려고 한다. • 자신만의 영역을 만든다.	• 교실에서 세밀한 활동이나 놀이를 할 때 안전한 환경을 제공해 준다. • 혼자 있을 수 있는 시간과 꼭 어울려야 하는 시간을 구분하여 알려준다. • 차분하고 규칙을 잘 지키는 친구와 놀이를 제공한다. • 과민성이 고착되지 않도록 함께 놀이하는 공유된 놀이환경을 조금씩 연습시킨다.

기질적 에너지원과
필요한 균형 교육

아동이 타고난 에너지원으로 에너지를 얻는 것은 매우 중요하지만 에너지를 과도하게 얻게 되는 경우, 에너지가 과잉되어 조절되지 않는 문제가 생깁니다. 에너지를 얻는 것도 중요하지만 아동의 발달과정에서 에너지를 얻고, 쉬고, 얻고, 쉬는 각성과 이완의 패턴이 안정되는 발달이 중요합니다. 이러한 균형이 깨져 끊임없이 활동하게 되어 각성이 과잉된 경우는 신체조절과 감정조절이 되지 않습니다. 반대로 너무 이완된 경우는 몸과 마음이 늘어지고 처져서 자발적이고 생기 있는 활동이 어렵습니다.

다양한 행동형 에너지원을 가진 아동의 경우, 너무 끊임없이 활동을 하도록 지원하면 몸과 마음이 계속 자극과 활동을 추구하는 경향으로 강화됩니다. 그러면 아동은 몸을 가만히 멈춰야 하는 차를 타는 순간을 참지 못하게 되고, 교실 속 조용한 활동이나 가만히 앉아 있어야 하는 대집단 활동 시간에 계속 몸을 움직이게 됩니다. 따라서 교실 활동도 자극 활동과 이완 활동이 균형 잡히도록 바깥놀이와 실내놀이, 신체활동이 큰 놀이와 정적 활동 놀이, 놀이시간과 쉼의 시간의 균형이 필요합니다. 또한 가정에도 이러한 주의점을 안내하여 가정에서 끊임없이 다양한 행동형 아이들에게 자극을 제공하지 않도록 주의해야 합니다.

선택적 행동형 에너지원을 가진 아동의 경우, 힘들거나 피곤하다고 호소하며 몸이 늘어져 있는 시간이 자주 있습니다. 이때 충분히 쉬면 하고 싶은 마음이 들 수 있을 것 같지만 생각보다 그렇지 않습니다. 오히려 늘어져 있는 시간이 몸의 습관이 되고 하기 싫더라도 몸을 일으켜 참여하는 자발성, 책임성을 배우지 못하게 될 수 있습니다. 또한 늘 활동에 참여하지 않고 교실에 누워있는 아동으로 또래에게 인식되면, 선택적 행동형 친구가 참여하지 않아도 아이들끼리 놀이를 시작하면서 선택적 행동형 아동은 참여하기가 더욱 어려워지고 소속감을 느끼기도 힘들어집니다. 그러므로 오전에 너무 긴 시간 누워서 쉬지 않도록 10분 정도 쉬었다면 일어나 앉도록 하고, 혹 가정에서 충분한 수면 지도가 안되어 오전에 적극적인 활동을 하지 못하는 경우 가정에서 책임지고 아동의 수면지도 및 컨디션을 관리하도록 부모에게 강조해야 합니다. 수면의 질이 낮은 원인을 부모와 의논하여 찾고 지도방법을 도와주는 것이 필요할 수 있습니다.

다양한 연대형 에너지원을 가진 아동의 경우, 친구들의 관심과 반응을 끌어내기 위해 방해 행동이나 과장된 몸짓을 보이면서 분위기를 이끌 수 있습니다. 이때 문제행동으로만 지적하기보다는 친구들과 연합해서 놀이할 수 있는 게임이나 놀이 역할을 정하는 과정을 가르쳐주는 것이 필요합니다. 동시에 개인 또는 일대일의 놀이를 할 때 놀이를 집중하도록 긍정적인 기대를 해주며, 정적인 놀이를 통한 만족감도 경험하도록 도와주는 것이 필요합니다. 특히 다양한 연대형의 경우 교사의 칭찬은 큰 도움이 됩니다. 또한 가정에 집에 사람들이 놀러오거나 다른 집에 놀러가고 놀이터에서 가장 늦게까지 놀이하는 경우, 욕구가 과잉되어 조절 문제가 생길 수 있음을 알려주어야 합니다. 그리고 외출과 만남에도 조절이 필요함을 가정에 알려주어야 합니다. 예를 들어 친구 집, 할머니 집, 사람들이 많은 곳에 놀러 가는 것은 좋지만 매일보다는 정해진 요일에만 외부 사람들과 만나며, 때로는 가정에서 부모와 친밀한 놀이를 하도록 안내합니다. 또한 혼자만의 만들기 지원이 주체적인 놀이 능력을 지원하는 것이라는 것을 안내해야 합니다.

선택적 연대형 에너지원을 가진 아동의 경우, 교실에서 안정감을 느끼도록 교사가 안정적인 짝꿍이 되어주는 것은 좋습니다. 그러나 다른 단짝 친구와 연결해 주는 중재 역할을 해주지 않은 채 계속 교사가 선택된 연대로 남는 경우, 교사가 다른 아이들을 지도할 때 주도적 놀이를 하지 못할 수 있습니다. 또한 교사와 너무 돈독한 관계와 상호작용을 하는 경우 상호작용의 만족도가 높아져서, 또래와 그 정도의 상호작용 만족이 안되는 경우에 흥미를 느끼지 못한 채 다시 교사의 품으로 돌아오게 됩니다. 따라서 자연스럽게 다른 또래와 공통 관심사를 나누고 안정적으로 놀이할 수 있는 또래 관계가 연결되도록 도와주는 것이 필요합니다. 가정에서도 너무 엄마랑만 놀거나 아빠랑만 놀이하는 것이 아니라 가족 모두 같이 놀이하게 합니다. 또한 가정에 친구를 초대하여 놀도록 기회를 만들어주고 때로는 서먹한 시간이 있더라도 자주 만나면서 자연스럽게 익숙해지도록 기다려주는 것도 필요합니다. 늘 누군가 대신 관계를 시작해주면 자연스럽게 관계가 시작될 수 있는 기회를 경험하지 못하고 양육자의 도움이 없이는 관계를 시작할 수 없다고 믿을 수 있습니다. 그러므로 부모가 하원 후 꾸준히 일대일로 놀이할 수 있는 환경적 기회를 제공하며, 아동 스스로 천천히 관계를 만들어 나가도록 가정 연계를 해야 합니다.

🌸 4가지 에너지원을 가진 아동들에 대한 잘못된 지원방법

다양한 행동형
- 신체활동을 계속 제공한다.
- 심심할 때마다 트램플린 위에서 뛰도록 한다.
- 심심할 때 과격한 몸놀이를 한다.

다양한 연대형
- 끊임없이 사람들을 만난다.
- 혼자 놀이는 싫어하니 늘 놀아준다.
- 조용한 시간을 거의 제공하지 않는다.

선택적 행동형
- 잠을 최대한 재우고 시간에 임박해서 잠을 깨운다.
- 충분히 쉬도록 계속 놔둔다.
- 늘어져도 놔둔다.

선택적 연대형
- 늘 옆에 붙어 있어 준다.
- 아동이 원하는 대로 놀아준다.
- 거의 외부 활동을 하지 않는다.

🌸 에너지원의 균형을 위한 환경제공과 교육

다양한 행동형
- 신체활동 시간과 정적인 시간을 정해 교차로 놀이한다.
- 1시간 이상 뛰어놀지 않도록 한다.
- 심심할 때 몸놀이 대신 할 놀이를 정한다.

다양한 연대형
- 대집단놀이 시간과 소집단놀이 시간을 구별하여 알려준다.
- 혼자 놀이를 시작하고 완성하는 성취를 독려한다.
- 조용한 활동도 점차 늘려간다.

선택적 행동형
- 미리 깨우고, 천천히 준비한다.
- 외부에서 해야 할 활동을 마치고 교실에 들어와서 쉰다.
- 힘들어한다고 자주 안아주지 않고, 스스로 걷도록 격려한다.

선택적 연대형
- 예측된 시간은 교사와 분리하고 독립성을 칭찬한다.
- 새로운 방법으로 같이 놀이하며 새로운 접근을 시도한다.
- 함께 활동하고, 한 번은 혼자 하도록 격려한다.

🌸 에너지원의 균형을 위한 가정과의 연계

다양한 행동형: 집에서 뛰는 장소와 뛰지 않아야 할 곳을 구분하여 지도하도록 요청한다.

선택적 행동형: 아동이 체력적으로 감당하지 못할 정도로 외부 활동을 하지 않도록 하고, 아동의 체력을 고려한 바깥활동을 하며 컨디션을 관리해달라고 부탁한다.

다양한 연대형: 좋은 관계는 경계도 필요함을 지도하며, 가정에서도 서로 재밌게 놀이할 때 접촉과 몸놀이의 강도를 조절하는 연습을 권한다.

선택적 연대형: 가족끼리 시간도 중요하지만 친근한 관계형성이 없으면, 관계확장 모델링이 없으므로 부모가 먼저 이웃과 마음을 나누고 친근한 관계를 맺는 모델이 필요함을 알려준다.

STA 기질,
기질욕구와 교육

　　STA 기질이론은 기질유형이 갖는 고유한 심리적 특징 속에서 각 기질유형이 갖고 있는 성품과 핵심욕구를 설명합니다. 제가 쓴 『육아고민? 기질육아가 답이다!』책 에서 말했던 기질적 경향성은 성품을 담고 있습니다.

　　자신의 욕구와 감정을 억제하는 기질 유형 안에는 '관용'이라는 성품을 담고 있습니다. 자신이 원하는 것을 지속적으로 하는 기질 유형 안에는 '몰입'이라는 성품을 담고 있습니다. 자신의 감각과 감정에 민감한 기질 유형 안에는 '교감'이라는 성품을 담고 있습니다. 자신의 상황에 자연스럽게 순응하는 기질 유형 안에는 '포용'이라는 성품을 담고 있습니다.

한 아동이 기질적으로 갖고 있는 성품은 아동이 갖는 고유한 결입니다. 아동이 갖고 있는 타고난 결과 무늬가 아름답게 드러날 수 있도록 아동의 기질 특징과 모습을 사랑하고 올바른 성품으로 바르게 자라도록 가르치는 것이 교육입니다. 사람은 누구나 자신이 가지고 있는 성품을 누군가가 사랑해주고 자신이 가지고 있는 성품을 가치있게 여겨줄 때, 자신의 성품을 통해 누군가에게 이롭게 기여하고 싶어합니다. 그리고 자신의 성품을 관계와 사회에 발현하며 삶의 의미를 부여하게 됩니다. 아주 어린 아기들도 자신의 존재로 부모를 기쁘게 할 때 행복감을 느낍니다. 유아들도 자신의 성품을 통해 가정과 교실에서 기여할 수 있을 때 자신의 하루에 의미를 부여하며 뿌듯함을 느낍니다. 아이들도 어른들도 자신의 성품을 발휘할 때 만족감을 느끼는 것은 똑같습니다. 그것은 자신의 성품이 꼭 필요하다고 느끼게 해주는 확신감이자 안정감을 주기 때문입니다.

교사의 역할은 교실에서 한 아동이 가지고 있는 타고난 기질 즉, 성품을 알아차리고 그것을 자신과 타인을 위해 잘 발휘하도록 안내하는 것입니다. 또한 부모가 자녀의 성품을 잘 알아차리고 부모가 원하는 성품이 아닌 아동이 타고난 성품을 있는 그대로 보고 양육할 수 있도록 도와주는 것이 교사의 역할입니다. 교사는 아동이 가진 타고난 기질 속 성품을 바라볼 수 있는 투명한 시선이 있어야 합니다. 교사의 생각과 가치관이 아닌 투명한 시선으로 아동이 가진 결을 느끼고 보아야 합니다. 그리고 그 아동이 가지고 있는 성품의 귀함과 아름다움을 볼 수 있는 마음이 있어야 합니다. 교사는 눈에 보이는 아동의 말과 행동, 능력을 가르치고 동시에 보이지 않는 아동의 타고난 결과 잠재력을 보는 전문가입니다.

아동의 타고난 성품과 잠재력을 보라는 말은, 말을 듣지 않고 예의가 없고 문제행동을 보이는 아동을 무조건 긍정적으로 바라보라는 것이 아닙니다. 때때로 부모와 교사는 아동의 미래와 잠재력을 믿는다는 것을 무조건적 긍정이라고 착각하는 경우가 있습니다. 무조건적 긍정은 근거가 없는 막연한 자기최면과도 같습니다. 그것은 현재 부모와 교사가 직접 해결하고 지도해야 할 문제와 책임을 회피하게 합니다. 현재 드러난 아동의 어려움은 해결하고 가르치고 교정하는 것이 필요합니다. 단 투명한 시선으로 타고난 성품과 잠재력을 바라보라는 것은 아동이 가진 특징이 선한 방향으로 발현될 때 나타날 수 있는 모습을 소망하며 현재의 아동을 사랑으로 선을 향해 가르치고 이끌어주는 것입니다.

관용기질

관용이란, 다른 사람이 잘못하고 불편한 점이 있더라도 이해하고 용서를 베푸는 것입니다. 관용기질 아동은 섬세한 아이들입니다. 민감성이 높아서 불편한 상황과 관계에서 예민합니다. 그런데 관용기질의 민감성은 '섬세하다.'라고 설명합니다. 예민한 것은 외부 자극에 대해 민감하다고 느끼는 강도가 센 것을 말한다면, 섬세하다는 것은 세밀하게 여러 자극을 보고 느끼고 생각하다보니 예민한 것을 의미합니다. 관용기질이 가지고 있는 예민함은 섬세함입니다. 그래서 불편한 상황에서도 다른 사람의 입장을 생각하고, 자신이 불편함을 드러낼 경우 벌어질 일을 생각하고, 다른 사람의 표정과 말, 분위기를 살피며 세심하게 상황을 살피고 행동합니다. 이런 과정에서 타인의 상황과 자신의 마음의 조화를 이뤄가며 관용을 베푸는 성품이 드러나는 것입니다. 그래서 관용기질은 불편한 감정을 표현하기보다는 상대방을 이해하여 갈등을 만들지 않으려는 성품을 가지고 있습니다.

관용기질 아동은 '관용'이라는 성품을 가지고 있어서 친구들에게 관용을 베풉니다. 친구가 불편한 행동을 하거나, 주변 상황이 불편하고 힘들더라도 친구의 행동을 이해하거나 용서하거나 불편한 상황을 견뎌봅니다. 그래서 친구가 장난감을 뺏어도 같이 싸우면서 갈등을 만들지 않으려고 하고, 배운 규칙을 지키려고 말로 표현하고 속상한 마음을 꾹 참으며 애를 씁니다. 그러나 어린 아동은 속상한 일이 여러 번 반복되면 힘들어서 관용을 베풀 수 없습니다. 선생님에게 도움을 청해보기도 하고, 갑자기 그 친구랑 놀고 싶지 않다고 하거나, 교육기관 등원을 거부하기도 합니다. 또 집에 와서 엄마한테 관용을 베풀었지만 그래도 해결되지 않는 속상한 마음 말하기도 합니다. 관용기질 아동은 불편한 마음을 강렬하게 드러내지 않다 보니, 주변에서 볼 때는 아동이 덜 속상하거나 아주 힘들지는 않은 것 같다고 느껴지기도 하고, 때로는 주의 깊게 관찰하지 않으면 표시가 나지 않아 모르고 넘어가기도 합니다. 그래서 때때로 관용기질 아동이 갑자기 등원을 거부하거나 힘들다고 하면, 교사는 교실에서 늘 모범생처럼 잘 지내던 아동이 왜 그러는지 의아할 수도 있습니다. 그럴 때는 아동이 어떤 상황에서 관용을 베풀며 적응하고 어울렸는지 알아차리는 것이 필요합니다.

　관용기질 아동의 관용을 베풀었던 마음을 교사가 알아차려 주는 것이란, 불쌍하게 여겨주거나 안타깝게 여겨주며 공감을 해주라는 것이 아닙니다. 아이의 마음은 부정적인 감정을 표현하지 못해서 속상한 것이 아닙니다. 관용기질이 원하는 것은 관용을 베풀었던 자신의 마음을 알아달라는 것입니다. 관용을 베풀면서 잘했던 것을 충분히 인정해달라는 것입니다. 또한 너그럽게 친구를 용서해줬지만 자신의 노력과 행동을 인정받지 못했던 속상함을 위로받고 싶은 것입니다. 이런 마음을 교실에서 교사가 알아차려 준다면 아동은 집에 가서 이렇게 말할 것입니다. "엄마 나 오늘 속상한 일이 있었는데, 괜찮아. 선생님이 나보고 속상하겠다고 해줬어. 그리고 친구를 때리지 않았다고 칭찬해 줬어." 관용기질 아동이 원하는 것은 자신이 관용을 베푼 마음과 모습을 다른 이들이 사랑해 주었으면 하는 것입니다.

　"효은이가 갖고 싶은 장난감인데 친구가 뺏어서 속상했지."
　"효은이가 뺏고 싶었는데 뺏지 않고 기다렸구나. 고맙다."
　"효은이가 친구한테 나쁜 행동을 하지 않으려고 많이 애썼구나."

자기주장을 하지 못하고 온 것을 속상해하는 것이 아닙니다. 자신이 지켜야 하는 규칙을 잘 알고 있고, 자신이 알고 있는 규칙을 잘 지켜내고 싶어서 노력했던 것을 인정받고 싶은 것입니다. 자신의 마음이 이끄는 대로 관용을 베풀고 온 아동이 원하는 욕구는 인정입니다. 어쩌면 관용기질 아동이 원하는 인정은 스스로 잘했다고 인정하는 마음을 확인받고 싶은 것일지도 모릅니다.

관용기질의 핵심욕구는 완벽과 인정입니다. 자신이 알고 있는 규칙을 잘 지키려고 하고, 블록놀이를 하더라도 완벽하게 잘하고 싶어 하며, 율동을 배울 때 틀리지 않고 잘하고 싶어 합니다. 자기 자신이 만족감을 느끼기 위한 완벽을 추구하는 마음은 놀이할 때도, 또래들과 놀이할 때도, 일상생활에서도 드러납니다. 양육자가 아동에게 완벽하게 하라고 가르친 것이 아님에도 관용기질의 아이들은 완벽하고 싶어합니다. 그리고 완벽하게 하려고 노력하는 과정이 마음에 드는 성과로 드러나면 스스로 인정욕구가 충족되면서 뿌듯함을 느낍니다. 이런 기질적 욕구가 있다 보니, 모호한 그림을 그리는 것보다 완벽하게 그림을 따라 그리는 것을 좋아하고, 그려진 선을 튀어 나가지 않게 예쁘게 색칠하는 것을 더 좋아하며, 퍼즐을 완성하거나 모양을 반듯하게 접는 종이접기도 잘하고 좋아합니다.

관용기질의 핵심욕구가 충족되는 놀이, 활동, 일상이 많아질수록 관용기질 아동의 마음은 편안해집니다. 그래서 놀이할 때도 목적을 가지고 완성하기를 원하고, 자신이 생각한 대로 놀이가 시작되고 마무리가 되길 바라며 인내하며 놀이에 집중합니다. 그래서 관용기질 아동은 인내심을 가지고 꾸준히 활동하고 자신이 하기로 결정한 활동에 관한 책임감도 높습니다.

관용기질이 완벽하려고 하는 욕구를 드러낼 때 완벽하지 않아도 괜찮고, 인정이 중요하지 않다고 말하면, 관용기질의 아동은 자신의 욕구와 방향성이 부정당하는 기분이 듭니다. 관용기질이 본질적으로 추구하는 핵심욕구완벽, 인정를 주변에서 무시하거나 중요하게 생각하지 않는다고 느껴지면 관용기질의 아동은 불안해집니다. 아동이 기질적으로 자연스럽게 추구하고 원하는 욕구인데 그것이 자꾸 중요하지 않다고 하면, 자신이 품고 있는 마음과 반복적으로 흘러가는 욕구의 방향 속에서 자신이 틀리다고 생각하거나 잘못되었다고 생각하면서 자신을 인식하는 길을 잃어버릴 수 있습니다. 따라서 관용기질을 사랑하는 것은 완벽하게 잘하고 싶고, 완벽하게 좋은 아이가 되고 싶어하며, 완벽하게 규칙을 지키고 싶어하는 마음을 있는 그대로 수용해주는 것입니다.

아동이 관용기질 성품을 발휘하도록 도와주기 위해서는 아동이 노력하는 모습을 인정해 주고, 완벽하게 잘하려고 애쓰는 모습을 볼 때 대견하다고 칭찬해 주는 것이 필요합니다. 완벽하게 잘해서 인정받고 싶어 하므로 아동이 궁금해하고 도움을 요청할 때, 꼼꼼하게 세심하게 가르쳐주어서 아동이 실수하지 않고 해낼 수 있도록 지도해주는 것이 아동이 타고난 기질을 발휘할 수 있도록 도와주는 것입니다. 그리고 아동이 실수했을 때, 아이가 친구들을 이해하고 용서해 주었던 것처럼 선생님도 부드러운 눈으로 바라보며 관용을 베풀어줄 때, 자신이라는 존재에게 관용을 베풀어주는 것이 얼마나 기쁘고 좋은지 느낄 수 있을 것입니다. 또한 완벽하게 잘 되지 않았을 때나 실망했을 때, 함께 실망감을 느끼며 알아주고 아동이 이미 무엇인가를 할 수 있는 충분한 능력을 가지고 있다는 것을 말해주며 격려해주는 것이 교사의 역할입니다.

관용기질

관계특징
- 규범과 예의, 교육기관 규칙을 잘 지켜요.
- 친한 친구와 놀 때도 약속을 잘 지켜요.
- 원하는 것을 말할 때는 조심스러워요.

욕구특징
- 완벽하게 잘하고 싶어 해요.
- 성취한 성공이 많아지면, 주도성이 높아져요.
- 주도한 활동이 인정받으면 자신감이 높아져요.

성품 교육하기

성품 수용

- 사회관계에서 관용을 베푼 행동을 인정하고 칭찬해 주세요.
- 교실에서 스스로 노력하고 있는 마음과 행동을 미리 인정해 주세요.

사회적으로 성품을 발휘하기 위해 배워야 할 점

- 선생님과 친구들에게 분명한 말로 부탁, 요청해 보는 연습이 필요해요.
- 놀이 혹은 활동 과정과 실패를 자연스럽게 경험하는 즐거운 놀이도 필요해요.

몰입기질

몰입이란, 어떤 대상에 몰두하여 빠져드는 것입니다. 몰입기질 아동은 자신이 좋아하는 것이 생기면, 그것에 온통 마음을 두고 몰두합니다. 그래서 선호하는 것이 분명하고 강합니다. 좋아하는 마음이 강하다 보니 상대적으로 싫어하는 마음도 분명한 것이 몰입기질의 특징입니다. 몰입기질의 아동은 무엇인가에 몰입하는 성품을 갖고 있어서 자신의 생각과 마음에 푹 빠져드는 특징을 보여줍니다.

몰입기질 아동은 '몰입'이라는 성품을 가지고 있어서 좋아하는 장난감도 분명하고, 좋아하는 친구가 생기면 그 친구에게 몰입하며, 어떤 지식에 몰입하면 지속적으로 파고들어 알려고 하는 기질입니다. 그래서 몰입기질의 아동은 주변에 관심을 가지기보다는 자신의 생각, 자신의 결정한 활동, 자신과 같은 마음을 가진 사람들에게 몰입합니다. 몰입기질의 아동은 자신이 좋아하는 것을 다른 사람도 좋아해 주길 바랍니다. 그래서 자신이 좋아하는 놀이, 장난감, 이야기가 있으면 선생님과 친구에게 지속적으로 반복해서 말하기도 합니다. 이러한 행동은 다른 사람과 같이 몰입하고 싶기 때문입니다. 몰입기질이 원하는 사랑은 바로 공동의 몰입입니다. 자신과 다른 사람의 일치된 몰입 속에서 하나가 되고 싶고, 관심을 공유하는 기쁨을 누리고 싶어합니다.

전인적인 발달을 지원하는 유아교육과정에서 한 가지만 몰두하는 몰입기질을 지도하는 것은 여간 힘든 일이 아닙니다. 한 가지만 몰두하고 싶어 하는 경향이 강하다 보니, 관심이 없는 활동과 놀이자극에 잘 반응하지 않고, 동기를 자극하고 개입하려고 해도 좋아하는 것만 하겠다고 고집을 부리는 경우가 많기 때문입니다. 그러나 교육적으로 이를 그냥 가만히 지켜볼 수는 없습니다. 그래서 몰입기질을 교육할 때는 아동의 몰입을 지원하며 동시에 다양한 자극과 놀이경험을 제공하는 데 애써야 합니다.

특히 몰입기질이 교육적으로 한 가지 자극에 몰두하는 것은 유아 발달 과정에서 위험할 수 있음을 교사와 부모 모두 인지해야 합니다. 유아기는 다양한 자극, 활동, 흥미, 주제를 경험하면서 다각적인 지식과 경험이 채워져 뇌의 발달 및 발달 영역이 골고루 발달해야 하는 중요한 시기이기 때문입니다. 특정 영역만 발달하는 경우 문제가 심각하다는 것을 교사는 알고 있습니다. 종종 자녀가 한 가지 영역에서 특출한 능력이나 몰입을 보이는 경우 명석하다고 생각하면서 마냥 지켜보는 부모가 있다면, 부모에게 발달의 균형이 왜 중요한지를 부드럽게 알려 주어야 합니다.

영아기는 신체 발달을 기초로 자발적인 발달을 할 수 있는 준비를 하고, 정보와 경험을 습득할 수 있는 기본적인 걷기 능력, 도구를 사용할 수 있는 소근육 운동능력, 대상을 아는 인지능력과 말하기 능력을 갖추는 시기입니다. 그리고 유아기는 이전의 발달을 토대로 좀 더 복잡한 운동능력, 인지능력, 언어능력, 사회 정서 능력이 발달하는 시기입니다. 유아기는 성인기를 준비하는 초석 단계입니다. 유아기 발달이 불균형하게 발달한다면, 그런 불균형한 발달 특성은 이후 학령기, 청소년기, 성인기까지 영향을 주는 불가역적 문제가 될 수 있습니다. 예를 들어, 5세에 한글도 읽고 영어도 읽고, 정보 습득에 몰두하여 인지발달은 매우 빠르지만, 숟가락이나 젓가락 사용을 잘 못하고, 옷도 스스로 못 입으며, 친구들과 원활하게 상호작용을 하지 못한다면, 인지발달은 우세하나 소근육 운동능력과 사회 정서 발달과정에서 자아는 약하고 위축된 발달이 느린 아동이 되는 것입니다. 이러한 발달 편차가 오래 지속되면, '발달의 불균형', '인지적 불균형'이라는 진단을 내리게 됩니다. 발달 과정과 뇌 발달 과정에 불균형 문제가 생긴 것입니다.

그러므로 교사는 몰입기질 아동이 몰입하고 있는 관심사를 공유해주며 교사와 아동 간 관계를 깊이 연결해야 합니다. 그리고 아동이 몰두하고 있는 관심사와 연결하여 맥락을 가지고 다른 활동과 매체를 제안하며 이끌어가는 것이 중요합니다. 또한 교실에서 하루 종일 좋아하는 활동과 영역에만 국한되어 놀이하지 않도록 여러 영역의 놀이 자극을 경험하고 즐기고 놀이하도록 교실 규칙을 만드는 것이 필요할 수도 있습니다. 또한 다른 영역의 놀이를 할 때 심심하다고 느끼지 않도록 새로운 영역에서 놀이를 처음 시작할 때는 교사와 또래가 개입되어 다른 영역의 놀이를 어떻게 하는지 모델링을 보여주기도 하고, 같이 놀이하면서 즐거움을 직접 경험하도록 하는 것도 중요합니다.

"효민이는 자동차가 제일 좋지, 오늘은 자동차로 무얼 하고 놀까?"
"효민이가 좋아하는 자동차 놀이를 친구랑 꼭 같이하고 싶은 거지."
"효민이가 좋아하는 자동차 놀이랑 민준이가 좋아하는 다트 놀이를, 순서를 정해서 하자."

몰입기질의 핵심욕구는 주체와 몰입입니다. 주체란 자신이 주인이 되어 생각하고 결정하려는 경향입니다. 몰입기질은 주체성을 핵심욕구로 갖고 있어 다른 기질에 비해 자신의 생각이 강하고, 자신이 선택하고 결정하려는 경향이 강해 교육상황에서도 자신이 하고 싶은 것은 몰두하고 하고 싶지 않은 것은 계속 거부하거나, 왜 해야 하는지 납득하지 않으면 끝까지 규칙을 따르지 않으려고 합니다. 그래서 다른 아동에 비해 자기 생각이 강하고 순종적이지 않은 기질입니다. 개인적 생각이 강하다 보니 명확하게 자기주장을 하는 점이 강점입니다. 그러나 여러 명의 아이가 함께 어울리고 생활해야 하는 교실에서 개인적 주장이 강한 몰입기질 아동이 적응하는 것은 아동에게도, 교사에게도 어려운 일입니다.

몰입기질의 아동은 자신이 하고 싶은 것을 친구에게 같이 하자고 강요하는 듯 주장할 수도 있습니다. 유아기는 자신의 마음과 다른 사람의 마음이 다를 수 있다는 과정을 배워가는 시기입니다. 몰입기질이 원하는 사랑은 똑같은 것을 좋아하고, 같이 몰두하는 것이다보니 자기중심성이 좀 더 높을 수 있습니다. 그러나 그 마음 속 깊은 곳은 이기심이 아닌 내가 좋아하는 것을 남도 좋아하며 공유하는 기쁨을 누리고 싶어하는 사랑임을 기억해주어야 합니다. 아동이 원하는, 함께 몰입하는 즐거움이 연결될 때 몰입기질의 아동은 다른 사람의 관심사에도 몰입해 줄 것입니다.

이 점을 강조하는 것은 교사의 지도가 무조건 몰두하는 것으로부터 벗어나게 하거나, 다른 친구의 흥미가 몰입기질 아동의 흥미에 맞추도록 할 때 관계가 틀어지고 다른 친구와 놀이하는 것 자체가 불편하고 힘든 기억으로 아동에게 자리잡을 수 있다는 점을 말씀드리기 위해서입니다.

아동이 몰입기질의 성품을 발휘하도록 도와주기 위해서는 아동의 놀이를 친구의 방향으로 계속 유도하기보다는 분명한 놀이 규칙을 세우는 것이 더욱 효과적입니다. 아동이 원하는 것을 몰두할 수 있는 놀이 시간은 언제 가능한지, 언제까지 가능한지 정해놓아야 합니다. 또한 친구들과 번갈아 놀이하는 규칙, 장난감을 독점할 수 없고 같이 놀이해야 하는 시간이 정해져 있는 것이 좋습니다. 논리적으로 이해가 되면 단념과 타협이 가능한 몰입기질의 강점을 살리는 것입니다. 아동이 어떤 시간에는 개인적 몰입 놀이를 하고, 어떤 시간에는 친구들과 함께 어울리고 참여해야 하는지 구분되어야 합니다. 또한 몰입기질 아동이 교실에서 주체적으로 결정할 수 있는 것과 아닌 것이 분명해야 합니다. 선생님이 결정하는 영역이 분명히 있으며, 아동이 결정하는 영역이 있다는 것을 인지하도록 가르치는 것이 중요합니다. 이러한 기준이 분명하다면 몰입기질 아동은 스스로 상황을 인지하고 분별하여 행동할 수 있습니다. 그러나 규칙이 명료하지 않을 때는 교사와 아동이 힘겨루기를 하는 상황이 발생할 수 있습니다. 이러한 힘겨루기가 아닌 주체적인 힘을 건강하게 사용하도록 하려면, 놀이과정과 일상생활에서 아동이 주체적으로 할 수 있는 기회를 주고 주체적인 도전과 성취를 칭찬하고 격려해 주어야 합니다. 그렇다면 아동은 교사와 반대방향에서 주체적인 것이 아니라, 교사와 같은 방향을 향해 가면서 자신의 주체적인 힘을 발휘할 것입니다.

몰입기질

관계특징

- 공통 관심사 친구들과는 유연하게 잘 어울려요.
- 관심사가 다른 친구들에게는 관심이 적거나 없어요.
- 원하는 것을 분명하게 주장하고 주도하고 싶어해요.

욕구특징

- 원하는 것을 계속 하고 싶어해요.
- 선호하는 활동에 몰두하고 잘해서 이기고 싶어해요.
- 자신이 선택하고 결정하려고 하고, 자신이 정한대로 하고 싶어해요.

성품 교육하기

성품 수용

- 관심사에 몰입하는 능력을 칭찬하고, 건설적인 성취로 이끌어 주세요.
- 또래 관계에서 공통관심사 친구와 놀 수 있도록 기회를 만들어 주세요.

사회적으로 성품을 발휘하기 위해 배워야 할 점

- 선생님과 친구들이 원하고 좋아하는 것에 반응하고 함께하는 연습이 필요해요.
- 자신이 원하는 것을 또래가 싫어하거나 거절할 수 있다는 것도 배울 필요가 있어요.

교감기질

교감이란, 다른 사람과 같은 감정을 느끼는 것입니다. 교감기질 아동은 자신의 감정을 다른 사람이 똑같이 느끼고 반응해 주길 바랍니다. 그래서 다른 기질의 비해 매우 친밀하고 깊은 정서적 관계를 원하는 기질입니다. 교감은 공감과 다릅니다. '공감'은 다른 사람의 감정을 자신의 경험에 빗대어 생각해 보는 이해 과정을 통해 같은 감정을 느껴보는 것입니다. '교감'은 다른 사람이 감정을 말하고 드러내면 바로 같은 감정을 느끼는 것입니다. 그래서 교감기질 아동은 자신이 어떤 감정을 교사에게 말하면, 교사가 자신의 감정을 무조건 이해해 주고 맞다고 맞장구쳐주며 공감해 주기를 바랍니다. 이런 기질욕구를 가지고 있다 보니 정서 욕구가 유독 높습니다. 그래서 교사가 여러 명의 아동을 교육하면서 어떤 상황에서 감정을 수용해 주지 않으면, 아동은 울거나 소리지르고 떼를 쓰면서 자신의 감정을 알아달라고 요구하는 저항적 태도를 강하게 보입니다. 또한 아동 입장에서는 교사가 자신의 정서에 반응하지 않으면 교사로부터 거절 받는다는 느낌도 강하게 느낍니다. 그래서 교감기질을 지도할 때는 아동이 보이는 정서욕구와 강한 감정분출이 단순한 떼쓰기와 행동문제가 아닌 감정을 수용받고자 함과 감정이 거절 당했을 때에 대한 정서 욕구라는 것을 이해해야 합니다.

교감기질 아동은 '교감'하는 성품을 가지고 있습니다. 그래서 교감기질 아동은 교사와 친구가 감정을 보여주고 나눌 때, 분명히 친밀하게 감정을 알아차려 주고 반응해 주며 감정을 나누는 모습을 보여줍니다. 감정에 대한 민감성을 가지고 있어 교사와 친구들의 마음을 미리 알아차리고 헤아리고 반응해주는 아동입니다. 활동적이고 적극적인 다양한 행동형, 다양한 연대형 교감기질의 아동은 교감하려는 욕구를 외현적으로 드러내기 때문에 친구들에게 감정표현도 잘하고, 친구가 도움이 필요할 때도 얼른 가서 도와주고 살펴며 친구를 챙기는 모습을 보여줄 것입니다. 소극적이고 조심스러운 선택적 연대형, 선택적 행동형 교감기질을 가지고 있는 아동은 민감하게 다른 사람의 감정을 알아차리며 조용히 배려하고 도와주며 헤아리는 모습을 보여줄 것입니다.

교감기질 아동은 감정을 나누고 싶어하는 기질입니다. 그래서 친구들과 대화하고 소통하는 놀이를 좋아합니다. 서로 예쁘고 멋진 그림을 그리면서 대화하거나, 서로 그릇에 음식과 차를 준비하며 소통하는 놀이를 좋아합니다. 놀이하면서 친구와 얼굴을 마주 보며 서로의 표정과 감정을 확인하며 교감하고, 서로 재밌고 즐겁다는 감정을 연결하며 누구보다도 친밀한 관계 속에서 놀이하고 있다는 것을 확인하고자 합니다. 다른 사람의 감정과 교감을 확인할 때 자신의 욕구인 교감을 충족하기 때문입니다. 이렇게 교감기질 아동은 자신의 성품대로 나의 감정을 교감 받고 싶어 하고, 다른 사람의 감정을 교감해 줍니다. 아동 자신의 감정을 누군가에게 교감을 충분히 받으면 넉넉한 마음으로 다른 사람을 교감합니다.

그러나 교감기질의 성품이 사회관계에서 적절하게 발휘되기 위해서는 무조건적 교감이 아닌 질서가 있는 교감이 필요합니다. 교감기질의 성품은 감정을 나누고자 하는 것입니다. 그러나 그 감정이 불평하는 말, 신경질 내는 말, 짜증내는 말, 화를 내는 말로 드러난다면 타인은 그 감정을 교감하고 싶어 하지 않을 것입니다. 그러므로 아동이 다른 사람과 나누고 싶고 교감받고 싶어하는 감정을 표현할 때, 감정을 감정 단어로 표현하고 요청하는 말로 바꾸어 말할 수 있도록 지도해주는 것이 필요합니다. 이와 더불어 아동이 선생님에게 교감을 원할 때, 언제는 교감해줄 수 있고 언제는 교감하며 대화하기 어려운 상황인지 아동이 알고 있으면 아동은 거절감으로부터 보호될 수 있습니다. 아동은 무조건 자신이 먼저이고, 자신의 감정을 먼저 알아달라고 할텐데 이때 기준이 없이 기다리라고 하거나, 잠시 기다리라고 한 다음 아동에게 결국 반응해주지 않으면, 아동은 기다리는 시간에 불안하거나 거절감을 느낄 수 있습니다. 특히 교실에서 선생님을 독차지하려고 하거나 늘 자신의 감정만 알아주길 원하는 교감기질 아동이 있다면, 더욱 교감기질 아동과 교감할 수 있는 시간 약속은 필요합니다. 약속된 시간이 있을 때, 교감기질 아동은 교사의 교감을 막연히 기다리지 않고 교사가 자신과의 약속을 지켜줄 것이라는 특별한 안정감을 갖습니다. 이와 함께 교사가 지도해야 할 부분은 아동의 감정을 함께 공유하고 나눌 교감과 아동의 감정을 알아차려주며 반영은 하되, 아동 스스로 진정하고 감정을 책임져보는 영역을 구분하여 알려주는 것입니다. 교사가 먼저 아동의 연령과 상황을 고려하여 기준을 정하고 아동에게 분별된 반응을 해줌으로써 교육을 시도해야 합니다. 그리고 아동에게 왜 어떤 경우는 선생님이 교감해주고 어떤 경우에는 스스로 진정하도록 지지만 해주는지 설명해 주는 것이 필요합니다.

정서발달은 언어와 인지발달 수준과 연결해서 고려해야 합니다. 아동의 인지발달 및 언어발달이 느리다면, 자신의 정서를 인식하고 언어로 표현하는 능력이 부족하므로 자신의 정서를 다루는 능력이 빈약합니다. 자신의 실수, 자신의 시행착오 과정에서 아이 스스로 해결가능한 문제상황이라면, 그때 발생한 감정은 아동 스스로 인식하고 표현하고 조절하도록 기회를 주는 것입니다. 이때 교사의 역할은 아동의 감정을 가만히 지켜봐 주거나 반영하여 말해주되 아동 스스로 감정을 처리할 수 있는 기회를 주는 것입니다. 반면, 아동의 실수행동과 문제상황이 아동 스스로 해결할 수 없는 상황일 수 있습니다. 아동이 또래의 공격을 받아 놀라거나 불안을 경험하고 있다면 교사는 아동의 감정을 같이 교감하여 마음에 담아주고 함께 감정을 진정하는 과정을 견뎌주고 도와주어야 합니다. 그 기준과 분별이 정확할 때, 어떤 감정을 교감하고 어떤 감정은 반영할지가 분명해집니다.

아동이 교감기질 성품을 발휘하도록 도와주기 위해서는 교사가 아동의 감정을 헤아리고 교감 하는 안정적 관계가 또래관계로 확정되도록 연결해야 합니다. 아동은 선생님과 나눴던 교감과 친밀한 경험을 친구에게 그대로 해줄 수 있는 아이들입니다. 교감기질 아동은 친구가 슬퍼할 때, 친구가 속상해할 때, 친구가 아쉬워할 때 또래 곁에서 그 감정을 위로해 줄 수 있는 성품의 아이들입니다. 교감기질 아동의 성품이 잘 발휘될 수 있는 기회와 상황을 잘 보고 연결해 주는 것이 교사의 전문성입니다.

교감기질

관계특징
- 감정을 잘 반응해 주고 소통되는 사람을 좋아해요.
- 다른 사람보다 더 친밀하고 긴밀한 관계를 원해요.
- 자신의 속상하고 화난 마음을 누군가 알아차려 주길 원해요.

욕구특징
- 잘하고 싶은 욕심과 부러워하는 것이 많아요.
- 예쁘고 멋있는 것들을 좋아하고, 그렇게 보이고 싶어해요.
- 부정적 감정을 다른 사람에게 말하면서 위로받기 원해요.

성품 교육하기

성품 수용
- 마음과 애정을 나누는 또래 관계가 필요해요.
- 감정을 깊이 교감하고 교류하는 대화를 나눠주세요.

사회적으로 성품을 발휘하기 위해 배워야 할 점
- 스스로 감정을 인식하고 진정해 보는 연습이 필요해요.
- 감정을 진정한 다음에는 상황을 이해하는 연습이 필요해요.

포용기질

포용이란, 너그럽게 감싸 주거나 받아들여 주는 것입니다. 포용기질 아동은 관계에서 너그럽고 유연한 아이들입니다. 포용하는 기질을 가지고 있는 아동은 다른 사람의 실수를 감싸 주거나 실수해도 편안하게 받아들이고 어울립니다. 그래서 포용기질 아동은 친구들과 놀이할 때 소소한 싸움이나 의견 갈등이 있어도, 설령 서로 치고받고 싸웠더라도 다시 놀다 보면 금방 친하게 잘 지내는 모습을 보입니다. 포용기질 아동이 이런 성품을 가지고 있는 것은 기질 요소 중 민감성과 분출성이 낮아서 부정적 자극에 예민하지 않고, 부정적 감정을 분출하지 않는 것을 더 편안해하기 때문입니다. 그래서 친구와 다투고 나서도 금방 잘 어울릴 수 있는 것이고, 속상했던 감정도 금방 환기하고 또래들과 어울려 놀이할 수 있는 것입니다.

　포용기질 아동은 '포용'이라는 성품을 가지고 있어서 부정적인 상황이나 관계에서 느끼는 부정 감정을 해결하려고 하기보다는 감정을 빨리 환기하기를 원합니다. 부정적 감정에 오래 머무는 것을 좋아하지 않고 즐거운 활동이나 기분 좋은 자극으로 부정적 감정 상태를 잊으려고 합니다. 그래서 포용기질 아동은 종종 교사와 어른에게 훈계를 듣거나 꾸중을 듣는 진지한 상황에서 웃거나 장난을 치면서 상황을 모면하려고 합니다. 어른을 더 화나게 하거나 일부러 장난치는 것은 아닙니다. 부정적 감정이 드리워진 상황을 견디기 힘들어하는 것이며 부정적 감정을 어떻게 표현하고 대처해야 하는지 막막해 하는 것입니다. 포용기질 아동은 부정적 감정을 느끼고, 말하고, 대화 나누는 것이 어렵고 막막하다 보니 상황을 회피하거나 빨리 해결하려고 합니다. 그래서 어린 포용기질 아동일수록 교사에게 안아달라고 하고, 대화하려고 앉혀 놓으면 앉기를 거부하거나 덜컥 울기만 합니다.

　포용기질 아동은 긍정성을 타고난 아이들입니다. 그래서 즐겁고 신나는 것을 좋아하고 긍정적인 경험과 감정은 확실하게 기억합니다. 그러나 반대로 부정적 경험과 기억은 잘 하지 않으려고 합니다. 그래서 부정적으로 들었던 말, 부정적으로 경험했던 활동, 부정적 감정은 기억하지 않고, 즐거운 놀이를 하면서 잊어버립니다. 이러한 특징을 가지고 있다 보니, 포용기질 아동은 친구와 다투고 나서 있었던 일을 꼼꼼하게 기억하여 말하는 것이 어렵습니다. 포용기질 아동은 자신이 왜 화가 나는지, 조금 전에 무엇 때문에 친구와 싸웠던 것인지도 설명하기가 어렵습니다. 부정적 감정에 집중해서 오래 생각하지도 않았고, 모호하게 느껴지는 감정을 어떤 단어로 정의내리며 감정에 단어를 붙여 말하는 것이 포용기질에게는 어려운 부분입니다. 그 이유는 민감성이 낮은 기질적 특징 때문에 감정에 예민하지 않기 때문입니다. 그러나 동전의 앞 뒷면이 있듯이 이런 특징으로 인해 다른 사람의 잘못이나 실수를 따지고 기억하지 않고 어름어름 넘어가 주고 두루 어울릴 수 있는 것입니다. 동전의 한 면만 보면 전체의 모습을 모르듯이 포용기질이 갖는 정서에 대한 둔감성만 보고 감정을 가르쳐야겠다고 중심을 잡으면 포용기질의 유연하고 유쾌한 강점을 보지 못하게 됩니다. 먼저 보아야 하는 것은 기질의 전반적인 경향성이자 흘러가는 방향성입니다. 포용기질의 방향성은 감정표현이 아닌 포용입니다.

그러므로 포용기질 아동이 원하는 것은 속상하거나 화난 마음을 충분히 말하고 싶은 것이 아닙니다. 싸워서 미운 친구와 안 놀고 싶은 것이 아닙니다. 화가 난 상황이나 이유를 얼른 해결하고 다시 놀고 싶은 것입니다. 감정 대화를 길게 하고 싶었던 것이 아닙니다. 감정에 대해 대화하는 것으로 자신의 즐거운 놀이시간과 활동시간이 줄어드는 것은 결코 원하는 것이 아닙니다. 놀이를 멈추고 감정대화를 길게 하게 되면 더욱 조바심이 들어 감정을 말하고 싶지 않고, 화가 난 감정만 드러낼 것입니다. 왜냐하면 포용하고 그냥 놀고 싶은데, 자신의 즐거움이 멈춰지는 상황이기 때문입니다.

포용기질 아동의 마음은 빨리 내가 즐겁고 편안할 수 있도록 도와주면 좋겠고, 나의 기분이 안정적인 기분이 되길 도와달라는 것입니다. 특히 평상시에 기분 나쁘고 불쾌하고 속상한 마음을 주의 깊게 느끼고 다루지를 않다 보니, 평상시처럼 흘려보낼 수 없는 강한 부정적 감정을 느끼면 감정에 압도되어 왈칵 울음을 쏟아내는 것입니다. 그때는 울음을 멈추라고 하기보다는 자신의 울음에 사로잡혀 겁을 먹지 않도록 우선 안아주고, 등을 토닥여 강한 감정을 진정시키는 것이 먼저입니다. 그리고나서, 기분이 좀 진정되면 무슨 일인지, 어떤 마음인지 물어봐도 괜찮습니다. 포용기질 아동에게는 왜 우는지 바로 질문하는 것보다 아동의 상황과 감정을 유추해서 어떤 것이 불편해서 운 건지, 어떤 것이 화가 나서 신경질이 난 건지, 피곤한 건지 자세하게 물어보며 자연스럽게 말할 기회를 주는 것을 편안하게 느낄 수 있습니다. 그 이

유는 포용기질 아동에게는 감정을 인식하고 표현하는 것이 정말
모호한 부분이기 때문에 약간의 헤아려주는 말과 정서표현의 예
시를 말해주면 아동이 좀 더 편안하게 말할 수 있기 때문입니다.

"등을 토닥여주며 하준아, 진정할 수 있게 기다려줄게."
"하준이가 마음이 괜찮아지면 선생님한테 와서 얘기해줘."
"하준이가 기다리는 것이 힘들었나, 하준이가 피곤한가, 하준이가
　친구랑 놀다가 속상했나."

　포용기질의 핵심욕구는 경험과 재미입니다. 포용기질 아동은
자신이 하고 싶은 재밌는 경험이면 뭐든 포용합니다. 그래서 뭐든
흥미와 재미가 있다면 쉽게 받아들입니다. 그러나 재미도 없고
해보고 싶은 동기가 없을 때는 수용하지 않습니다. 포용기질이라
서 모든 것을 받아들이는 것은 아닙니다. 즐거운 것은 거의 수용
하지만, 재미가 없는 것은 정말 하기 싫어하는 기질입니다. 그래
서 포용기질은 다른 아동에 비해 친구가 재밌는 것을 하면 그 행
동을 잘 따라 하고, 친구 행동을 모방하며 배우는 것에 빠릅니
다. 포용기질은 재미가 자극되면 바로 해보고 싶다는 마음으로
새로운 것을 빠르게 배웁니다. 반면 재미가 없으면 금방 주의가
흐트러지기도 하고, 하기 싫어하는 모습을 보입니다. 포용기질은

재미와 경험이 핵심욕구이기 때문에 재미가 있는지 없는지로 행동양상이 많이 달라집니다.

즐겁고 재밌는 활동을 할 때, 포용기질의 성품은 밝고 명랑하고 모든 놀이, 모든 활동, 모든 친구들과 두루 어울리는 경향이 확실하게 드러납니다. 외향적이고 외부 자극을 추구하는 아동이면 포용기질의 경향은 더욱 쾌활하고 활동적인 모습으로 드러나고, 내향적인 아동이면 친구들의 모든 활동을 모방하기 보다는 개인적인 관심 내에서 선택적으로 친구들과 놀이를 즐기는 모습으로 나타날 것입니다.

아동이 포용기질 성품을 발휘하도록 도와주기 위해서는 기분 좋은 즐거운 분위기가 제일 중요합니다. 교실에서 아동이 배워야 할 것이 있을 때 너무 진지하게 말하기보다는 편안하고 자연스럽게 대화하면서 제안해 주는 것이 효과적입니다. 포용기질 아동은 편안하게 뭐든 이야기를 할 수 있고, 자신의 이야기에 친구들이 기분좋게 호응해주면 자신감이 높아져 말도 많아지고 주도성도 높아지는 아이입니다. 주변 친구들을 모방하며 배우고 주변 친구들과 즐겁게 놀이할 수 있는 분위기를 만들어주면 유쾌한 자신의 기질을 발휘할 것입니다. 그러나 포용기질 아동은 분위기가 긴장되거나 경직되어 있으면 포용하는 성품을 드러내기 어렵습니다. 항상 교실 속 분위기가 즐겁고 기쁘고 재미난 일과만 있을 수는

없으므로 교실 내 중요한 질서와 규칙은 확실하게 가르치지만,
놀이 과정에서는 자유롭게 놀이를 선택하여 놀 수 있도록 해주고
즐겁고 유쾌한 환경적 분위기를 조성해 주는 것이 필요합니다.

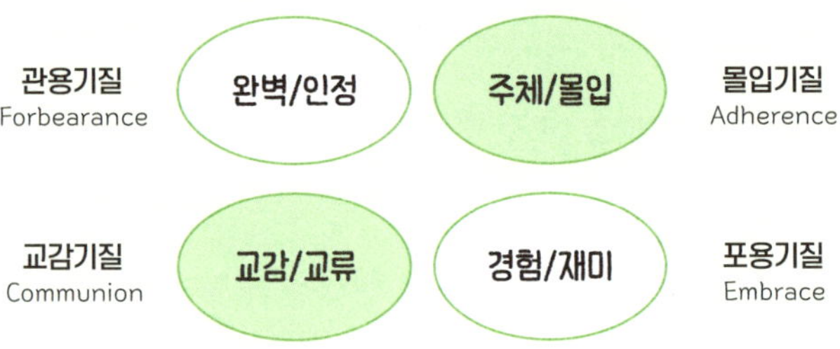

포용기질

관계특징
- 즐겁고 재밌는 친구를 좋아해요.
- 다른 사람을 잘 따라하고 어울리고 싶어 해요.
- 누구와도 크게 갈등을 빚지 않고 잘 어울려요.

욕구특징
- 즐거운 것을 많이 하고 싶어 해요.
- 새롭고 재밌는 것을 하고 싶어 해요.
- 억지로 하는 것이 아닌 자연스럽게 도전하고 싶어 해요.

성품 교육하기

성품 수용

- 배우는 과정을 즐길 수 있는 분위기를 조성해 주세요.
- 유연하게 또래를 수용하면서 어울리는 모습을 칭찬해 주세요.

사회적으로 성품을 발휘하기 위해 배워야 할 점

- 자신의 감정에 주의를 기울여서 인식하고 말해보는 연습이 필요해요.
- 재미가 없더라도 인내심을 가지고 활동해 보는 끈기를 배우는 연습이 필요해요.

STA 기질,
주의해야 할 특성과 교육

관용기질 아동의
완벽주의 지도

나를 위한 완벽인가?

타인을 위한 완벽인가?

관용기질 아동을 지도할 때 중심은 핵심욕구 완벽과 인정입니다. 완벽하려고 하는 경향은 결국 흠이 없고 싶어서입니다. 어떤 존재도 흠이 없을 수는 없습니다. 그러므로 관용기질 아동을 가르칠 때 실수와 잘 못하는 능력을 감춰주거나, 못하는 것을 부정하는 데 동조하거나 흠이 없도록 하는 것은 바람직하지 않습니다. 그렇다고 완벽함을 추구하는 기질의 아동에게 네가 원하는 완벽이라는 것이 결국 얻을 수 없는 허상이고 욕심이라는 것을 직면시키는 것도 교육은 아닙니다.

관용기질 아동의 완벽하려는 욕구를, 자기 자신이 원하고 소망하는 것을 완벽하게 하려는 노력과 끈기, 책임 등의 강점으로 발달시켜야 합니다. 그러나 타인을 위한 완벽은 자신을 손상시킵니다. 다른 사람에게 예쁨받기 위해서, 다른 사람을 통해 자신을 확인하려는 타인 중심 완벽주의는 아동을 불안하게 할 것입니다. 그러므로 아동의 완벽주의가 타인을 중심으로 한 비교와 평가가 되는 것이 아니라 스스로 떳떳하게 노력하는 강점으로 발달하도록 돕는 것이 교사의 역할입니다.

아동이 완벽하게 하고 싶은 이유가 자신의 능력을 확인하고 싶은 것이거나, 잘해내고 싶은 마음이라면, 어떻게 하면 더 잘 할 수 있는지를 가르쳐주는 것이 아동에게 힘이 됩니다. 실제로 관용기질 아동은 자신이 완벽하게 잘 해낼 수 있는 능력이 없다고 느끼거나 인지할 때 불안이 높아집니다. 자신의 핵심욕구를 스스로 획득할 수 없다는 무능력감이 불안을 만들어냅니다. 아동 발달은 자신이 주체적으로 할 수 있는 일, 해결, 성취를 통해 자신의 능력에 대한 자아개념을 만들어 나갑니다. 이때, 관용기질은 막연히 희망적으로 잘 할 수 있다고 생각하는 기질이 아닙니다. 관용기질 아동은 세밀하게 관찰하고 생각해 보고 할 수 있을지 없을지를 가늠하고 예측하는 아이들입니다. 그래서 교사의 막연한 응원과 희망보다는 교사가 아동이 원하는 것을 직접 완수할 수 있는 실제 방법을 가르쳐 주는 것이 더욱 큰 도움이 됩니다. 아동이 스스로 성취해 보고 싶고, 자신의 능력을 더 높게 개발하고 싶은 도전과 완수해 내고 싶은 마음을 스스로 성취하도록 도와주는 것이 교사의 역할입니다.

- 그림을 완벽하게 잘 그리고 싶다면, 보고 따라 그릴 수 있는 다양한 인쇄물을 보여주기

  "율이가 진짜 똑같이 그리고 싶구나. 그럼 보고 그릴 수 있는 자료를 찾아볼까?"
- 그림책을 틀리지 않고 읽어 싶어 한다면, 가정에서 먼저 읽어보고 오도록 가정에 안내해주기

  "율이가 친구들 앞에서 잘 읽고 싶은 거지, 그럼 집에서 연습해 보고 금요일에 해보자."
- 블록으로 근사한 가게를 만들어보겠다고 하면, 망가가지 않을 수 있는 방법을 같이 찾아주기

  "율이가 만든 가게를 친구들이 건들지 않았으면 좋겠다. 어떻게 하면 망가지지 않을까?"
- 발표할 때 틀리지 않고 훌륭하게 해내고 싶어 한다면, 먼저 적어보고 말하도록 기회를 주기

  "율이도 알고 있었던 건데 아닐까봐 발표를 못했구나, 다음에는 먼

저 적어보고 선생님한테 한 번 보여줘. 그리고 확인하고 나면 자신 있게 발표해 보자.”

- 학습 활동지를 할 때 틀리지 않고 싶다면, 어려운 것은 하트 표시 후 물어보고 풀도록 하기
  “율이가 문제 풀이를 다 맞고 싶었는데, 에이! 틀리는 게 너무 싫지, 그럼 어려운 건 하트 표시로 해놓고 선생님한테 물어봐 줘. 하트 표시는 질문하는 암호로 하자.”
- 체육 시간에 실수하지 않고 싶어 한다면, 처음에는 친구 혹은 교사와 같이 하자고 하기
  “율아, 체육시간에 혹시나 잘 못할까 봐 걱정되지, 너무 긴장되면 처음에는 친구랑 같이 하고 그 다음에는 혼자 해보는 것 어때?”

만약, 관용기질 아동이 자신이 아닌 타인의 평가와 비난이 두려워서 완벽하게 잘 하려고 한다면 불안에서 기인한 완벽주의 경향으로, 기질적 경향이 아닌 경우일 수 있습니다. 이와 같은 경우에는 심리적 지지가 필요한 상황입니다. 아동이 불안하고 외부 평가에 과도하게 불안해하며 완벽하려고 한다면 체크해보아야 합니다. 크게 두 가지 경우일 수 있습니다.

첫째, 연령에 적합한 발달능력*과 성숙 능력*을 갖고 있나요?

아동이 연령에 비해 발달능력과 성숙 능력이 미숙하거나 부족하다면 이는 심리적 문제가 아니라 발달적 미성숙과 부족함으로 인한 불안입니다. 발달적 미숙함에 기인한 불안은 발달이 지연된 부분을 스스로 성취하도록 이끌어주어 성취를 해냈을 때 사라지는 불안입니다. 그러므로 교사는 아동의 현재 발달능력을 체크해 보고, 현재 연령에서 벗어난 발달영역이 있거나, 아동에게 자신감이 낮은 발달 영역이 있다면, 실제로 아동이 교실에서 현실적 성취를 할 수 있도록 적절한 목표와 단계적 교육활동을 준비해서 아동 스스로 자신의 능력을 확인하도록 도와주어야 합니다.

❶ 아동의 연령을 적고, 연령에 해당하는 발달능력을 작성합니다.

❷ 현재 아동의 6가지 발달능력을 관찰한 발달수준의 근거로 체크합니다.

❸ 현재 아동의 발달수준 체크를 근거할 관찰내용을 기록합니다.

❹ 교사가 아동과 놀이, 활동을 같이 하면서 아동의 잠재 능력을 확인하고, 비계설정을 합니다.

❺ 교사가 아동과 대화를 해서 아동이 잘하고 싶어하는 활동이 무엇인지 욕구를 확인합니다.

❻ 아동을 위한 교육 우선순위를 세우고, 세부지도방법을 정합니다.

발달능력: 대소근육 운동, 언어, 인지, 사회적 기술, 정서인식, 표현 능력
성숙 능력: 자조기술능력, 스스로 책임지는 능력

아동의 발달 불안을 확인하기 위한 교사의 발달 기록표

✿ 이 름 ____________   ✿ 성 별 _____

✿ 생년월일 ____________________________

현재연령 발달능력기준

운동	언어	인지	사회	정서	자조행동
대근육운동능력	어휘능력	이해능력	사회적 어울림	정서인식능력	식사자조능력
소근육운동능력	언어유창성	한글 인지능력	친사회적 행동	정서표현능력	씻기자조능력
협응능력	의사소통능력	수 인지능력	사회적 기술	정서조망능력	옷입기자조능력

발달체크

운동		언어		인지		사회		정서		자조행동	
상위 연령	3 2 1	상위 연령	3 2 1	상위 연령	3 2 1	상위 연령	3 2 1	상위 연령	3 2 1	상위 연령	3 2 1
현재 연령	3 2 1	현재 연령	3 2 1	현재 연령	3 2 1	현재 연령	3 2 1	현재 연령	3 2 1	현재 연령	3 2 1
하위 연령	3 2 1	하위 연령	3 2 1	하위 연령	3 2 1	하위 연령	3 2 1	하위 연령	3 2 1	하위 연령	3 2 1
심리문제	유/무	심리문제	유/무	심리문제	유/무	심리문제	유/무	심리문제	유/무	심리문제	유/무

관찰기록

운동	언어	인지	사회	정서	자조행동

아동 욕구순위

운동	언어	인지	사회	정서	자조행동

교사의 우선순위 계획수립

운동	언어	인지	사회	정서	자조행동

이러한 발달 문제가 아닌데 다른 사람들에게 과도하게 인정받고 싶어 하고 완벽하게 되지 않을 때 불안해한다면, 양육과 교육 환경에서 아동의 능력을 위주로 인정해 주는 반응이 너무 지나쳤을 수 있습니다. 또는 아동이 자신의 능력 외 다른 부분으로 충분히 사랑받는 존재라는 것을 경험하지 못했을 수 있습니다. 때로는 아동의 특징이 불안을 만들고, 불안한 요소를 계속 부모가 피하고 보호해 주어 불안이 불안장애로 이어지는 경우가 있습니다. 아동 스스로 여러 발달 영역에서 자신의 능력을 경험하려고 하지 않고 잘하는 부분에서만 자신의 능력을 드러내려고 편향된 선택을 할 수 있습니다. 이때 부모와 주변 어른들이 잘하는 부분은 고취시키고 아동이 불안해 피하는 것을 모두 허용한 경우, 반복적인 불안을 회피하며 불안이 증폭됩니다. 이러한 경우라면, 완벽해지려는 관용기질 아동은 지금까지 쌓아 올린 능력 있는 자아와 외부의 인정이 사라질까 봐 자신은 결코 낯설고 불안한 것을 할 수 없다고 생각하며 불안할 수 있습니다.

불안이 불안장애로 가는 경로에 가장 영향을 주는 요인은 기질과 양육 요인입니다. 기질적으로 낯선 것을 과도하게 회피하고 두려워하는 민감성을 가진 경우입니다. 양육적으로는 아이가 불안해서 피하는 모든 것을 회피하도록 허용하여 도전과 성취라는 경험을 제공하지 못한 경우입니다. 이러한 기질과 양육 요인이 합쳐

지면, 불안한 자극을 무조건 회피하려고 하는 과도한 불안이 강화되고, 부모는 아동의 극단적인 불안과 회피행동을 보며 어쩔수 없이 그냥 내버려둡니다. 아동은 점점 불안이 해결 가능하다는 생각을 못하게 되고, 부모는 점점 아동을 극심히 예민한 아동으로 치부합니다. 아동은 단계적으로 경험하고 도전하며 자신이 지각한 것보다 자신에게 능력이 있음을 확인하고, 불안의 대상이 그 정도로 어려운 것이 아니라는 것을 지각할 때 현실적 불안이 없어짐을 느낍니다. 그러므로 관용기질 아동이 완벽하지 않은 모든 것을 하지 않으려고 한다면, 때로는 완벽하지 않아도 즐거운 놀이라는 것을 경험해 보도록 부모가 주도해주고, 부모가 먼저 실수해도 웃기고 재밌다는 것을 놀이하면서 보여주는 것이 필요합니다. 또한 아동이 불안해하는 대상을 피하지 않고 약간의 목표를 정하고 도전하도록 성취압력을 제공하는 것이 필요합니다.

아동에게는 그저 바라만 봐도 사랑스럽고 귀한 존재가 바로 자신임을 느끼고 경험하게 해주는 사랑이 필요합니다. 그러나 동시에 자신 안에는 힘과 능력이 있어 무엇인가를 할 수 있다는 현실적 자기효능감도 필요합니다.

몰입기질 아동의
제한된 관심 지도

제한된 관심인가?

관심에 대한 의미있는 몰두인가?

몰입기질 아동을 지도할 때 중심은 핵심욕구 주체와 몰입입니다. 주체라는 것은 자신이 주체적으로 좋아하는 것을 선택하고 결정하겠다는 것입니다. 그리고 자신이 선택한 것에 몰두하고 성취하고 싶어합니다. 그러므로 몰입기질 아동을 가르칠 때 아동의 개인적 관심사, 흥미를 고려하여 교육하는 것이 중요합니다. 그러나 교육 환경에서 고려해야 할 것은 과연 아동의 관심사가 몰입인지, 몰입이 아닌지 확인하는 것입니다.

몰입기질 아동이 몰입하는 것은 자신만의 관심사에 몰두하여 만족하려는 긍정적 활동입니다. 그러나 그 몰입의 대상이 부적절하거나, 몰입의 정도가 정상적이지 않거나, 몰입이 아닌 단순한 자극을 추구하는 단편적인 반복 행동이라면 발달 이상을 초래할 수 있습니다. 그러므로 아동의 몰입이 적절한 몰입인지 확인해야 합니다.

몰입이란, 사전적 정의가 어느 한 곳에 정신을 집중하는 것으로 그 활동을 완전히 즐기는 상태입니다. 헝가리 심리학자 미하이 칙센트미하이는 몰입했을 때의 느낌을 물 흐르는 것처럼 편안한 느낌의 상태라고 표현하였습니다. 이와 더불어 몰입은 자신의 기량을 발휘하여 도전적으로 탐구하고, 문제를 해결하고, 학습하고, 터득하기 위한 활동입니다. 즉, 아동이 좋아하는 장난감을 반복적으로 가지고 놀고, 좋아하는 것 외 다른 장난감을 하지 않으려고 하고, 몇 달 동안 매번 똑같은 방식으로만 놀이를 똑같이 하려고 한다면, 그것은 몰입이 아닙니다. 그것은 같은 자극과 활동을 추구하는 행동일 수 있습니다.

몰입과 자극/활동 추구 비교

몰입	자극/활동추구
소리 나는 장난감의 원리를 파악한다.	소리를 듣기 위해 반복해서 버튼을 누른다.
같은 장난감을 선택하지만 놀이 내용이 확장된다.	같은 장난감으로 똑같은 패턴으로만 놀이한다.
좋아하는 책을 보다가, 관련된 관심사가 확장된다.	동일한 책만 계속 읽어달라고 하거나 읽는다.
숫자/한글을 터득하고 활용하여 친구와 놀이한다.	숫자/한글을 터득하고 인지놀이만 좋아한다.
기계의 작동 원리를 궁금해하고, 놀이로 구현한다.	CCTV/전철/선풍기 등의 기계류를 반복하여 본다.
비슷한 주제와 관련된 책과 경험은 다 좋아한다.	같은 책/영상만 반복적으로 계속 읽거나 본다.

도전과 기량에 따른 몰입

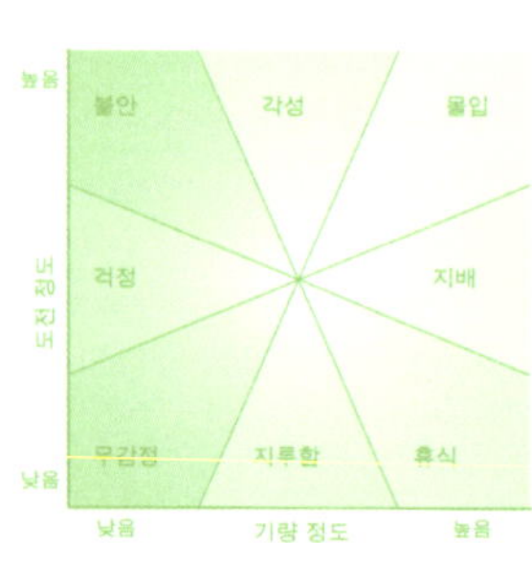

상태	도전 정도 + 기량 정도
몰입	높은 도전 + 높은 기술
각성	높은 도전 + 보통 기술
불안	높은 도전 + 낮은 기술
걱정	보통 도전 + 낮은 기술
지배	자신감, 보통 도전 + 높은 기술
휴식	휴식 놀이, 낮은 도전 + 높은 기술
지루함	이완, 낮은 도전 + 보통 기술
무감정	무관심, 낮은 도전 + 낮은 기술

아동이 좋아하는 것에 몰두한다는 것은 어떤 대상에 집중해서 배우고자 하는 자신의 의식과 노력이 있습니다. 위에 그림처럼 도전적 과제를 해결하기 위해서 자신의 능력을 한껏 발휘할 때 몰입의 상태에 도달합니다. 반면 아동이 익숙한 것을 반복하는 활동은 자극 또는 단순 활동을 추구하는 경우로 편안한 휴식과 같은 즐거움을 추구하는 것이라고 말할 수 있습니다.

아동이 같은 활동을 반복하는 대표적 이유는 4가지 입니다.

❶ 익숙하게 잘할 수 있는 놀이가 그것뿐이다.

❷ 익숙하게 잘하는 놀이로 자신의 성취를 위안한다.

❸ 빨리 재미있게 놀이하고 싶지만, 다른 놀이 아이디어가 없다.

❹ 친구를 모방하거나 새로운 놀이를 배우지 않고, 자신만의 놀이에 제한되어 있다.

이럴 때 교사는 다음과 같이 할 수 있습니다.

❶ 익숙하게 잘할 수 있는 놀이가 그것뿐이다.

아동에게 필요한 교육은 익숙한 놀이에서 약간 변형되거나 확장된 놀이를 촉진해 주는 것입니다. 교사가 놀이파트너가 되어 확장된 놀이 방법을 자연스럽게 모방하여 배우도록 모델링을 해 주거나, 아이디어를 제시해도 좋습니다.

❷ 익숙하게 잘하는 놀이로 자신의 성취를 위안한다.

아동에게 필요한 교육은 아동이 직접 성취할 수 있는 여러 가지 놀이와 성취 경험 지원입니다. 실패와 좌절을 두려워하는 아동이 자주 보이는 특성으로 갑작스러운 도전이나 어려운 수준이 아닌 약간의 노력과 시도로 성취할 수 있는 놀이 활동으로 이끌어주는 것이 좋습니다.

❸ 빨리 재미있게 놀이하고 싶지만, 다른 놀이 아이디어가 없다.

아동에게 필요한 교육은 빨리 재미를 얻고 싶어 하는 성급함을 조절하고, 충분히 생각하고, 주변 또래들을 관찰하여 배우도록 하는 것입니다. 그러므로 너무 자주 장난감을 바꾸어 놀이하거나 이것저것을 꺼내어 놀이하도록 하기보다는 아동이 결정한 장난감으로 놀이 시간을 좀 더 오래 유지하는 것이 필요합니다. 교사가 너무 적극적으로 이끄는 역할을 하거나 반응을 많이 하면, 혼자서 놀이를 탐색하고 사고하는 과정보다 성인과의 놀이에 의존할 수 있으므로 과도하지 않은 잔잔한 지지와 반응이 필요합니다.

❹ 친구를 모방하거나 새로운 놀이를 배우지 않고, 자신만의 놀이에 제한되어 있다.

아동에게 필요한 교육은 교사와 또래를 모방하는 것입니다. 모방은 기본적으로 생후 12개월이 되면 부모와 타인을 자연스럽게 따라하며 행동을 배우게 하는 학습의 기능입니다. 그러나 모방하지 않는다면 주의를 기울여 보고 듣는 것에 어려움이 있거나 다른 사람에게 관심이 적은, 사회성 발달 자원이 부족한 아동일 수 있습니다. 만약 아동이 대체로 혼자 놀이를 했거나, 가정에서 부모와 놀이하면서 서로 보고 배우는 상호작용이 부족했다면, 환경으로 인한 놀이 능력이 지연된 경우라 할 수 있습니다. 특히 이 경우는 사회성 발달 위험 신호에 해당되므로, 전문가의 진단과 개입이 필요할 수 있습니다.

교실에서 몰입기질 아동이 의미 있는 활동에 몰입하도록 지원하고, 확장하도록 돕기 위해서 교사는 적절한 도전적 활동과 동기를 자극해 주는 놀이 기술이 필요하고, 제한된 놀이를 하고 있다면 놀이 제한과 직접적인 놀이 교수 개입이 필요합니다.

• 아동이 좋아하는 장난감으로 재밌는 새로운 놀이를 보여주기
  "주하야, 선생님은 지금 기차로 보석을 배달하고 있어. 여기는 빨

간 보석 담고 갈거야."

- 아동의 교실에 있는 다른 쌓기 놀이 교구를 이용하여 놀이 배경 만들어주기

  "주하야, 자동차를 주차할 수 있게 주차장을 만들어줄게. 1층으로 만들까 2층으로 만들까?"

- 아동이 좋아하는 놀이와 내가 좋아하는 놀이를 연합하여 놀이하기

  "주하는 자동차가 있네. 나 케이크 가게에 빨리 가야하는데 태워줄 수 있니?"

- 아동과 또래가 놀이할 때 순서를 정해서 각자 정한 놀이를 번갈아 하도록 하기

  "주하랑 민준이랑 순서를 정해서 놀이하자. 우리 가위바위보 해서 누구 놀이를 먼저할까 정해보자~ 안 내면 진다 가위바위보~. 민준이가 이겼으니 민준이 로봇놀이하고 그 다음에 주하 자동차 놀이하는 거야."

- 아동이 늘 반복적으로 놀이하는 장난감 놀이를 하는 시간을 미리 정하기

  "주하야, 오전 간식 먹고 자동차 놀이하고, 점심 먹고 나서는 자동차는 가방에 넣는 거야."

- 아동이 새로운 놀이를 모방하여 배우는 시간을 정하기

"주하야, 지금은 선생님 놀이를 따라 하는 거야. 자~ 우리 집을 만들 거야. 노랑색 블록을 놓고, 그렇지! 그 다음~ 위에 초록색 블록을 꽂아봐."

만약, 몰입기질 아동이 극도로 다른 놀이를 거부하거나, 함께 놀이하는 것을 거부한다면 다음을 고려해봐야 합니다.

첫째, 눈 맞춤을 잘 하고 있나요?

아동의 눈 맞춤은 영아기에 나타나는 첫 번째 사회적 신호입니다. 다른 사람과 눈을 맞추고, 다른 사람의 표정을 따라 하고 웃으며 관계를 맺기 시작합니다. 어린 아기들은 출생 후 6개월 정도가 되면, 성인과 비슷한 시각 능력으로 엄마와 아빠의 얼굴을 보고 부모가 웃는 얼굴을 보며 거울신경을 통해 따라 웃고 표정을 따라 하기 시작합니다. 이러한 상호작용을 통해 아동은 자신의 양육자를 시각적으로 인식하고 반응합니다.

• 아동의 첫 낯가림은 6개월 정도 시작됩니다. 아기는 엄마의 얼굴을 기억하고 보면서 낯선 사람을 구별하기 시작하는 것입니다. 점차 아기는 더 많은 부모의 얼굴 표정과 행동 특성을 보고 따라합니다.

- 12개월~15개월 정도가 되면, 일상에서 부모가 하는 행동을 따라 하기 시작합니다. 엄마가 식탁을 물티슈로 닦는 행동도 따라 하고, 아빠가 전화를 귀에 대고 받는 모습도 따라 하고, 리모콘을 눌러 텔레비전을 켜는 모습도 따라합니다.

- 만약 12개월 내 부모를 쳐다보거나 모방하는 행동이 나타나지 않는다면 발달이상을 의심해 보아야 합니다. 또한 아동이 12개월 이전에 교육기관에 등원하게 되었다면 초기 애착대상자를 형성해야 할 시기이므로 교사와 애착을 맺기까지 시간이 필요할 수 있습니다. 이 경우에는 한 학기 동안 아동의 교육기관에 적응하고, 교사와 애착을 맺으면서 눈 맞춤의 질이 높아지는지 확인해야 합니다.

- 만약 아동이 눈을 잘 맞추지 않거나, 눈맞춤을 길게 유지하지 못한다면, 타인에게 관심이 매우 적은 아동입니다. 단순히 사람에 관한 관심이 적은 기질적 특성이 아닌, 다른 사람에 관한 기본적인 사회적 관심이 없거나 현저히 적어 사회성 발달이 손상된 경우일 수 있습니다.

둘째, 호명반응을 잘 하고 있나요?

아동은 청각적으로 문제가 없다면, 7-8개월 정도가 되면, 자신의 이름을 부르는 소리를 인식하고 교사가 이름을 부르면 고개를 돌려 교사를 쳐다보거나, 교사를 향해 걸어가거나 대답을 합니다. 그런데 만약 아동을 불렀을 때 거의 못 듣는 것처럼 아무 반응이 없다면 걱정해야 합니다.

- 아동이 청각적 주의력이 낮다면, 부르는 말에 집중하지 못해 반응하지 못할 수 있습니다.
- 아동이 한 가지에 과도하게 몰두하고, 주변을 관찰하고 조망하는 기회가 없이 장난감을 계속 만지고 놀거나, 지속적으로 자극이 많은 장난감이나 미디어에 자극되었다면 사람의 부르는 말과 사람이 전달하는 신호에 반응하지 않을 수 있습니다. 이 경우 양육 환경을 살펴야 합니다.
- 아동과 양육자가 놀이할 때, 아동이 양육자를 굳이 쳐다보지 않아도 될 정도로 말하지 않아도 모든 것을 다 해주고, 따라다니는 양육을 받았다면, 아동에게는 교사의 말, 행동, 얼굴 표정을 보고 대답하여 반응하지 않을 수 있습니다. 이 경우 양육 태도를 살펴야 합니다.

셋째, 주고 받는 상호작용을 하면서 놀이하나요?

아동은 영아기부터 누구나 자신의 관심사를 다른 사람과 공유하고 싶어하고, 다른 사람과 같은 것을 주의하여 보면서 공동주의joint attention 능력을 발휘합니다. 이 능력을 통해서 말을 배우고, 사회성을 배우고, 부모와 교사의 관심을 자신에게로 가져오는 것입니다. 다시 말해 자신의 관심사에 교사를 끌어당기기도 하고, 교사가 집중하고 있는 것에 자신의 주의력을 집중시키기도 합니다. 아동이 공동주의 능력을 발휘하기 위해서는 우선 부모, 교사, 또래와 같은 타인을 집중해서 바라보는 능력이 필요합니다. 그리고 자신의 주의력을 적절하게 조절attention regulation해서 다른 사람이 주의를 기울이고 있는 대상에 같이 집중해야 합니다. 또한 그 사람과 상호작용을 하기 위해 사회적 상호작용에 참여social engagement하는 능력이 필요합니다. 이처럼 주고 받는 상호작용은 아동의 꽤 복잡한 주의력 능력이 필요하며 이는 영유아기 인지 및 사회성 발달의 핵심입니다.

- 아동이 장난감을 꺼내달라고 잡아당기기는 해도, 교사와 서로 얼굴을 마주 보고 놀이하지 않거나, 교사가 아동과 같이 놀이하려고 하면 몸을 돌려 앉거나 교사를 쳐다보지도 않고 반응하지 않는다면 사회적 반응에 이상이 있는 것입니다.
- 교사가 아동에게 천천히 개입하지 않고 빠르게 개입해서 아동이 불편감을 느끼거나, 아동의 욕구를 읽지 못해 상호작용이 어긋난다면 이는 불편하다는 신호를 주는 것일 수도 있습니

다. 아동이 반응하지 않는 것인지, 교사의 개입이 아동이 좋아하지 않는 방식인지 관찰하는 것이 필요합니다. 교사의 반응이 아동의 욕구와 일치하지 않았다면 아동의 시선이 머무는 것에 같이 관심을 주고, 곁에서 머물며 모방하고 공동 관심사에 머무는 것부터 천천히 해야 합니다. 이런 개입을 했음에도 불구하고 반응이 없거나 거부한다면, 전문가의 발달 이상에 대한 진단과 소견이 필요합니다.

아동의 영아기 사회성 발달 이상 체크

연령	발달특성	발달 유무	
0-4개월	교사의 얼굴을 쳐다보며 좋아한다.	○	×
4-8개월	교사 혹은 또래를 보게 되면, 쳐다보거나, 만지거나, 다가가는 모습을 보인다.	○	×
8-12개월	교사 혹은 또래에게 물건을 보여주거나, 같이 앉자고 하거나, 뭔가 말을 하거나 소리를 내어 함께 하려고 한다.	○	×
12-18개월	교사 혹은 또래의 행동을 비슷하게 모방한다.	○	×
18-24개월	교사 혹은 또래와 손짓, 소리, 말을 사용하여 의사소통을 한다.	○	×
24-35개월	교사 혹은 또래와 같이 놀이하고 싶어 하고 주고받는 공놀이, 역할놀이가 가능하다.	○	×
36개월 이상	교사 혹은 또래와 언어를 사용하여 다양한 역할놀이를 한다.	○	×

교감기질 아동의
과도한 밀착행동 지도

교감을 원하는 감정욕구인가?

감정적 통제인가?

　교감기질 아동을 지도할 때 중심은 핵심 욕구 교감과 교류입니다. 아동이 교사와 친밀한 교감을 연결하고 나누려고 하는 것은 당연한 정서 특징입니다. 특히 어린 영아기 아동일수록 낯선 교실에서 의존할 수 있는 대상은 교사이기 때문에 사회 적응하기 위해 유독 담임교사에게 각별한 애착 행동을 보일 수 있습니다. 교감기질 아동은 감정의 연결을 통해 안정되려고 하고, 감정교감이라는 욕구를 얻고 싶어 하기 때문에 다른 기질 아동보다 더 강하게 교감을 원할 수 있습니다. 간혹 아동이 교사에게 계속 안겨 있으려고 하거나 계속 교사의 정서적 반응을 요구하는 아동을 볼 때, 교사는 아동이 불안정 애착이라고 생각하기도 합니다. 그러나 그렇지 않을 수도 있습니다.

교감기질 아동은 교사와 감정적 신호를 주고받고 싶어합니다. 그렇기에 교사의 감정신호를 기다리고 기대하며 원할 수 있습니다. 만약 교사가 매우 친절하고 애정적인 말과 표정으로 아동과 관계를 맺어준다면, 아동은 한결 편안하게 교실에 적응할 것입니다. 어쩌면 교사의 안정적인 톤과 따뜻한 정서 표현이 좋아 선생님 품을 더 파고들고, 선생님과 얼굴을 마주 대고 접촉하거나 웃고 놀이하고 함께 소통하고 싶어할 수 있습니다. 교감기질 아동의 경우 교감하려는 욕구가 강하다보니 교사가 아동에게 자주 접촉하여 쓰다듬어 애정을 표현해주며 웃고 길게 소통하다가, 갑자기 다른 아동을 챙기느라 바쁘거나 분주해지면 교감기질 아동은 불안해질 수도 있습니다. 무조건 애정표현을 많이 해주고 많이 안아주고 놀아준다고 교육이 아닙니다. 교육은 아동이 자신의 존재와 능력을 믿고 확인하며 독립적으로 또래관계를 맺을 수 있도록 도와주는 것입니다. 즉, 아동과 교사와의 관계가 너무 밀착되어 있다면 아동은 또래보다 교사를 선택하고, 또래와 놀이하려고 시도하는 사회성 발달 기회를 놓칠 수 있습니다. 그러므로 때때로 교사의 애정은 절제되고 조절되어야 합니다. 교사의 사랑과 민감한 반응과 도움이 너무 많아서 아동과의 관계가 밀착되는 경우가 있습니다. 어린 아동의 경우 스스로 관계의 경계를 정하고 조절하는 것이 쉽지 않습니다. 그러므로 교사가 먼저 자신의 행동과 정서적 거리가 한 명의 아동과 너무 가까워지지 않도록 조절해야 합니다.

때로는 교감기질 아동이 불안해서 교사와 밀착되려고 할 수도 있습니다. 특히 아동이 교육기관에 적응하는 2개월은 모든 아이에게 필요한 적응 기간이므로 이 시기에는 더욱 선생님에게 매달릴 수 있습니다. 종종 까다로운 기질의 아동이나 낯선 환경 적응이 어려운 아동의 경우 적응 시간이 6개월 정도 걸리기도 합니다. 그러나 6개월 이상 교사에게 과도하게 매달려 밀착되고 교사가 일어나기만 하거나 잠시 분리만 되어도 운다면 다른 원인일 수 있습니다.

첫째, 불안정 애착으로 인한 과도한 밀착 행동을 보이는가?

아동이 양육자와 안정적인 애착을 맺지 못한 채 교육기관에 등원하게 되었을 때, 교사와의 애착이 형성된 뒤에도 애착 관계가 안정적으로 유지될 것을 신뢰하지 못한 채 불안해서 교사를 계속 찾을 수 있습니다. 애착의 안정성은 친절이나 애정이 아닌 예측 가능한 어른이 되어주는 것입니다. 즉, 가정에서는 정해진 시간 등원하고 하원하도록 부모에게 알려 주어야 합니다. 그리고 교사와의 개별적인 상호작용 시간을 정해 일정하게 곁에 있어 주는 등원 직후 5-10분이 중요한 역할을 하므로 이를 위해서는 부모님에게 안내하여 다른 아이들이 등원하기 전에 좀 더 일찍 오도록 권유해야 합니다. 특히 불안정 애착유형 중 저항 애착을 가진 아동은 강한 감정을 저항적으로 보일 때 양육자가 반응하며 학습된 애착행동을 보이기 때문에 교실에서도 교사가 올 때까지 강렬하게 울거나 보챌 수 있습니다. 이와 같은 경우에는 강하게 울 때 반응하기보다는 아동이 스스로 잘 놀고 있을 때 더 칭찬하고 관심을 주고, 아동이 요구하지 않더라도 적절한 관심과 함께 해주는 상호작용을 제공하여 강한 저항을 하지 않고도 관계를 맺을 수 있음을 경험시켜줘야 합니다.

둘째, 선택적 연대형 아동으로 가정에서 양육자와 너무 밀착되었던 관계인가?

아동이 선택적 연대형 기질을 가지고 있는 경우, 다른 기질 유형 아동보다 일대일 관계를 분명하게 원하고 필요로 합니다. 그 이유는 접근성과 적응성이 낮아서 새로운 사람과 쉽게 애착 관계를 형성하고 어울리는 것이 어렵기 때문입니다. 그래서 교사와 처음 맺은 안정적인 관계에 집착하거나 일대일 관계를 유지하려고 합니다. 특히 교육기관에 오기 전, 양육자와 거의 떨어져 본 적이 없거나, 늘 양육자가 한시도 빠짐없이 붙어서 놀아주고 반응해 주고 도움을 제공했다면 더욱 교사와의 관계에 의존할 수 있습니다. 종종 가정 내 부모님의 양육 태도를 살펴보았을 때, 낮 동안 엄마가 거의 아동에게 붙어 지내며 하루 종일 놀아주다가 아빠가 퇴근하면 아빠가 아동에게 계속 붙어 지내면서 아동이 혼자 심심하게 지낼 겨를을 주지 않는 경우가 있습니다. 아동이 혼자 놀이 하는 것을 어려워해서 그럴 수도 있고, 부모가 아이와 계속 놀아줘야 하는 것이 당연하다고 생각하는 경우도 있기 때문입니다. 이와 같은 양육을 경험한 아동의 경우 혼자 놀이하는 시간, 자신의 행동과 요구에 아무도 반응해주지 않는 시간을 견디지 못합니다. 이러한 경우 교사는 아동과 시간을 정해 부모와 놀이하는 시간을 갖되, 5분, 10분처럼 점차 늘려가며 아동이 부모의 곁에서 혼자 놀이를 하는 자발적이고 능동적인 놀이시간도 연습이 필요하다고 가정에 안내해야 합니다. 또한 교실에서도 능동적인 놀이행동을 지지하고 격려해주어야 합니다.

셋째, 강한 감정표현으로 상황이나 사람을 통제하는가?

아동이 욕구가 많거나, 만족 지연 능력자신의 만족을 지연시키고 기다릴 수 있는 능력이 낮은 경우, 자신이 원하는 것을 얻기 위해 강한 감정

분출로 부모와 교사를 통제하려고 합니다. 특히 부모 혹은 교사가 아동이 강하게 울거나, 오래 울면 결국 아동의 요구를 허용했던 경험이 있었을 때 아동은 더욱 강한 감정표현으로 원하는 것을 얻으려고 할 수 있습니다. 가정에서는 부모님의 양육 태도가 허용적이거나, 아동의 울음과 강한 소리 지르기 등의 감정반응을 견디지 못하고 허용했을 수 있습니다. 부모가 소리에 예민하거나, 아이가 자지러지게 울거나 떼를 강하게 쓸 때 부모가 오히려 불안해하거나, 빨리 불편한 상황을 해결하고 싶거나, 과도하게 아이를 불쌍히 여기는 것이 허용적 양육 태도의 원인이 됩니다. 교실에서는 교사가 아동이 울 때, 다른 아동들이 동요되어 불안해질까 봐 걱정하거나, 아동의 목소리가 너무 크거나 강한 감정반응으로 인해 수업이 불가능한 경우 다른 아동들의 교육에 방해가 되다 보니 아동의 욕구를 허용하기도 합니다. 때로는 교사가 아동의 울음을 기다릴 수 있음에도 불구하고, 교사가 아이를 잘 달래고 가르치지 못한다고 비판하거나 부정적으로 판단받을 수 있다는 생각을 하게 되면 위축되어 얼른 울음이나 강한 감정표현을 하는 아동이 원하는 것을 허용하게 됩니다. 그러므로 부모님과 동료교사는 교사의 자질과 교사의 대처를 신뢰하고 믿어줘야 하며, 교사는 신뢰를 기반으로 아동의 강한 감정표현을 통한 요구표현은 소거되도록 견디고, 적절한 부탁, 요청하기 방법을 알려주어 적절한 방법으로 교사와 소통할 수 있도록 도와주어야 합니다.

교감기질 아동이 과도한 감정반응 요구하거나 감정분출을 보인다면 강한 감정이 아니라도 서로 교감하고 소통할 수 있는 상호 호혜적인 소통방법을 보여주고, 경험시켜주고, 교육해야 합니다.

- 일찍 등원하도록 지도하여, 다른 아동들이 오기 전 5–10분 정도 특별한 환대 시간 갖기
  "민지 일찍 왔구나~ 우리 엄마한테 인사하고, 교실에 들어가자. 가방 넣고~ 그렇지."
- 눈빛과 손짓으로 교감 신호 보여주기
  민지를 바라보면서 활짝 웃어 보이며 손짓으로 잘하고 있다는 박수를 쳐준다.
- "~해주세요."라는 요청하는 말, "선생님~" 부르는 말을 가르쳐주기. 연령이 영아라서 언어 표현이 어렵다면, 선생님이 있는 곳으로 직접 오도록 지도하기
  "민지가 선생님한테 왔어? 아이~ 잘했다. 뭘 도와줄까?"
  "민지야, 선생님~ 뚜껑 열어주세요~라고 말해야지. 부탁해 줘서 고마워~"
- 선생님 무릎에 앉아 있는 시간과 아닌 시간을 구별해주기
  "민지야, 자고 일어났을 때는 선생님이 민지 안아 줄거야."

“민지야, 장난감 정리할 때는 스스로 하는 거야. 그렇지~”

- 또래와 상호작용을 시도하거나 소통하고 있을 때 지지하기

  “너무 과도하게 칭찬하지 말고 민지가 은정이랑 재밌게 이야기를 잘하네.”

- 다른 사람들과 친하게 지낼 때 기뻐해 주기

  “민지가 은정선생님한테도 인사를 했어. 우리 민지 정말 훌륭하네.”

  “민지가 동준이랑 하하하하 웃으니까 선생님도 기쁘다~.”

포용기질 아동의
장난행동 지도

포용기질의 유쾌함인가?

당황해서 나타나는 장난 행동인가?

포용기질 아동을 지도할 때 중심은 핵심욕구 경험과 재미입니다. 포용기질 아동은 재미있으면 뭐든지 해보고 싶어하고, 자연스럽게 즐거우면 뭐든 해보려고 하는 포용력을 가지고 있습니다. 그래서 포용기질 아동은 재미있는 관계, 재미있는 상황, 재미있는 놀이, 재미있는 친구를 좋아합니다. 그리고 스스로 재미를 만들어내려고 우스꽝스러운 춤을 추기도 하고, 표정을 짓기도 하고, 애교를 보이기도 합니다. 그런데 때때로 부모와 교사가 포용기질 아동으로 인해 황당할 때가 있습니다. 바로 훈육을 할 때입니다. 아동이 잘못된 행동을 해서 부모 혹은 교사가 진지하게 훈계를 하면, 진지한 상황인데도 웃긴 표정을 짓거나 도망다니며 잡기 놀이를 하는 상황인 것처럼 혼자 흥분되어 뛰어다니기도 합니다. 부모와 교사가 더욱 엄격하고 진지하게 말하려고 들면 더 심하게 웃거나, 딴 곳을 쳐다보며 장난을 치는 행동을 보이거나 엉뚱한 행동도 합니다. 그러면 부모와 교사는 아동의 이런 모습이 어이없고 기가 막혀서 웃음이 새어나오며 진지한 훈육이 흐지부지 끝나버리기도 합니다.

포용기질 아동의 특징은 긍정적이고 즐거움을 추구하다보니, 부정적인 상황이나 불편한 감정을 느끼는 상황을 매우 싫어하고 꺼려합니다. 특히 아동의 경우 부정적 상황에서 어떻게 대처하며 행동하고 말해야 하는지 막막합니다. 그래서 또래와 갈등이 생겼을 때, 상황을 논리적으로 설명하는 것을 어려워하고 감정을 말하려고 할 때 눈물이 나고 감정을 호소하는 말을 유창하게 하기 어려워합니다. 교사가 훈계하는 긴장되는 상황에서도 아동은 무엇을 어떻게 말하고 대처해야 하는지 머리가 하얘지고 당황하게 되는 일이 많습니다. 포용기질 아동은 부정적인 상황을 설명하거나 대처하는 것, 감정을 설명하는 것이 잘되지 않습니다. 감정을 말하려고 하면 막막하고, 답답하고, 혼란스럽고, 어렵고, 당황스럽습니다. 아동은 분명 감정들을 느끼고 있지만 감정표현을 말로 표현하는 것이 어려워서 정반대로 막막하지 않은 척 아무 말이나 해보기도 하고, 답답하지 않기 위해 갑자기 내달려 뛰어다니기도 하고, 혼란스럽지 않은 것처럼 안아달라고 하거나 웃음을 보이면서 어물쩍 상황을 넘어가려고 합니다. 이러한 아동의 반응은 부정적 감정을 어떻게 인식하고 표현하며 소통해야 하는지 잘 모르는 데서 오는 방어적 행동입니다.

아동의 방어적 행동이 교사에게 통하지 않으면 갑자기 계속 안아달라고 호소하기도 합니다. 사실 포용기질 아동은 접촉해서 안아주면 불편한 상황이 빨리 일단락되면서 안정이 쉽게 되기도 합니다. 어린 영아 같은 경우 먼저 안아주어 감정을 진정시킨 다음에 설명하거나 가르쳐 주는 것은 필요합니다. 그러나 5-7세 유아의 경우 무조건 안아주는 것으로 부정적 감정 상황을 회피하여 해결하면 스스로 갈등이나 당황스러운 상황의 문제해결을 배울 수 없으며, 무조건 안기려고 하는 것은 미숙한 행동이기 때문에 적절히 훈계를 듣고 수긍하고 대답하며 가르침을 받은 대로 다시 해보는 과정이 필요합니다. 만약 포용기질 아동이 규칙성과 집중성이 낮아 규칙에 순응적이지 않고, 교사의 말에 집중하는 것이 어려운 경우, 아동이 잘못된 행동을 한 뒤에 오히려 더 화를 내거나 과격한 행동으로 감정을 토로하며 울고 뒹구는 경우도 있습니다. 이런 경우는 가정에서 아동의 차분히 부모의 말과 설명을 듣는 훈련이 부족했거나, 단호한 제한설정과 규칙에 대한 학습이 부족하고 대체로 부모가 아동을 통제하는데 실패한 경우입니다. 반대로 부모가 너무 무섭거나 강한 감정적 태도로 아동을 제압하거나 겁을 주어 훈육한 경우에도 교사가 조금만 경직되어 말하거나 단호한 표정을 지으면 겁을 내어 방어적으로 반응할 수 있습니다. 그러므로 아동이 과도하게 장난 행동으로 훈계를 방어하려고 한다면, 어떤 경우인지 살피는 것이 필요합니다.

첫째, 불편한 상황에서 쉽게 당황하여 엉뚱한 반응을 보이는가?

아동이 상황을 빠르게 인지하는 것이 어렵거나, 불편한 상황을 어떻게 대처해야 하는지에 대한 경험이 없다면, 당황감을 있는 그대로 표현하기보다는 거부하고 방어하는 엉뚱한 행동을 할 수 있습니다. 왜냐하면 자신이 당황한 감정에 대처할 수 없다고 판단하기 때문입니다. 이 같은 경우에는 장난 행동에 대해 엄격하게 교육하기보다는 어떻게 대답해야 하는지, 어떻게 행동하면 되는지 구체적으로 말과 행동을 알려 주고 시연하여 보여주며 연습할 기회를 주는 것이 필요합니다. 예를 들어 친구의 물건을 물어보지 않고 만지면 안 된다고 가르쳤는데 친구의 물건을 망가뜨려서 교사가 훈계하려고 할 때, 도망가거나 장난을 치거나 되려 혀를 내밀어 메롱 한다면 버릇이 없다고 생각하기 보다는 대처방법을 잘 몰라서 그럴 수 있다고 생각해야 합니다. 이런 경우라면 엄격한 표정과 말투로 이야기 하는 대신 "하면 안되는 걸 알고 있지만 잘 안되지."라고 말해준 뒤 다시 적절한 행동을 해보도록 기회를 주는 것이 문제행동 교정에 도움이 됩니다. 또 다른 경우 교사가 아동에게 조심해서 장난감을 다루도록 가르쳐주거나 아동에게 다가가서 높은 곳에 올려놓은 장난감을 내려놓으라고 했는데, 아이가 일부러 장난감을 낚아채듯 가져가고 다시 높은 자리에 올려놓는 때도 있습니다. 교사의 의도가 지적이 아닌 대신 할 수 있는 행동과 방법을 알려준 것인데 아동은 못하게 하거나 안된다는 제한으로 받아들인 것일 수 있습니다. 이런 경우, 높은데 올려놓고 싶다면 다른 방법으로 해보면 어떤지를 가르쳐주면 교사의 말이 지적이 아니라 도움이었다고 알게 될 것입니다.

둘째, 잘못했다고 해야 하는 상황에서 오히려 화를 내는가?

아동이 자신의 잘못에 대해 교사의 설명을 듣고 친구 혹은 교사에게 사과를 하거나, 죄송한 태도를 보여야 하는데 도리어 화를 내는 경우가 있습니다. 이때, 네 가지 경우 중 어느 상태인지 확인이 필요합니다.

❶ **잘못된 행동의 기준을 모른다. 가정에서 학습하고 훈련하지 못했다.**

아동에게 필요한 교육은 절대 하지 않아야 하는 행동과 실수할 수 있지만 노력하면서 수정해야 하는 행동 규칙 기준을 정하여 알려 주는 것입니다. 규칙과 기준은 가정과 동일하도록 안내합니다. 아동에게 신호등 규칙처럼 이해하기 쉽게 설명해 줄 수 있습니다. 빨간 신호등처럼 절대 하지 않아야 되는 것, 노랑 신호등처럼 스스로 행동을 멈추도록 노력하는 것, 초록 신호등처럼 해도 되는 행동을 구분하여 가르쳐주는 것이 도움이 됩니다. 교실 활동에서 신호등 규칙을 적용하여 아이들이 이해하기 쉽게 규칙을 구분해 주고, 가정에도 교실의 신호등 규칙을 전달하여 집단과 가정에서 일치된 기준을 아동이 이해할 수 있게 한다면 규칙 인식에 도움이 될 수 있습니다. 9장 가정과의 연계자료. 신호등 규칙을 참고해주세요.

빨강	친구를 때린다. 물건을 던진다. 친구를 문다. 친구를 민다. 정리를 안 한다.
노랑	친구 장난감을 만진다. 친구한테 소리를 지른다. 친구한테 부정적으로 말한다.
초록	친구한테 물건을 빌려준다. 친구한테 같이 놀자고 한다. 친구를 도와준다.

❷ **잘못된 행동에 관해 설명하는 말을 이해하지 못한다.** 인지발달 및 언어 발달이 지연된 경우

아동에게 필요한 교육은 교실 규칙을 알기 쉽게 이미지로 만들

어서 이해하도록 돕는 것입니다. 또한 손으로 X를 표시하거나, 의도적으로 굵은 목소리로 "안돼."라고 말하는 것처럼 비언어적인 신호를 분명하게 주어 지도하는 것입니다. 특히 언어 발달이 느려 교사의 설명을 이해하지 못하거나 긴말을 듣고 이해하지 못하는 경우, 시각적 자료를 통한 지도가 적절하며 훈계는 짧고 간결한 말로 해야 합니다. 특히 발달장애 아동의 경우, 훈계를 한 뒤 활동을 곁에서 도와주지 않으면 무의식적으로 잘못된 행동을 다시 하기도 합니다. 이는 어떤 행동이 된다 안된다 등을 이해하고 판단을 내리는 것이 어려워서, 어떤 행동을 하지 말라는 말과 훈계 자체가 오히려 강화 자극이 되어 그 행동을 더 기억하게 하기 때문입니다. 그러므로 어떤 행동이 안 된다면 안 된다고 짧게 말해주고, 같이 적절한 활동을 하면서 자연스럽게 잘못된 행동을 멈추고 다른 적절한 놀이 활동을 시작하도록 도와주는 것이 더욱 바람직합니다.

❸ **교사의 말을 듣고 이해하지 않고, 표정과 말투에 압도되어 혼난다고 판단한다.** 주의력이 낮아서 정확하게 듣고 이해하는 것이 어려운 경우 혹은 가정에서 자주 혼난 경우

아동에게 필요한 교육은 표정으로 긍정 신호를 주어 안정감을 준 다음 차근차근 설명을 해주며 교사의 말에 경청하도록 지도하

는 것입니다. 아동이 교사가 말로 전달하는 인지적 설명보다는 감각적으로 보이고 들리는 표정과 말투, 어조, 말의 세기로 상황을 판단하고 있으므로 교사는 감각적으로 부정적 신호를 자극하지 않도록 주의해야 합니다. 강렬한 눈빛보다는 지그시 바라보는 눈빛, 높은 음성보다는 낮은 음성으로, 빨리 말하는 태도보다는 천천히 말하는 태도로, 경직된 자세보다는 서로 대화하는 모습으로 훈육을 시작해 볼 수 있습니다. 특히 아동이 이름을 부르기만 해도 내빼거나, 일대일로 마주 앉아 대화 자체를 거부한다면 놀이와 일상지도 과정에서 소소한 지도가 필요할 때 경쾌하게 말하되 분명하게 호명하고, 교사의 얼굴에 약간의 미소를 유지하며 설명해 주는 것이 좋습니다. 아동이 순서대로 활동이나 지도를 따라야 하는데 따르지 못한다면 순서대로 해야 할 일을 곁에서 힌트를 주며 알아차리도록 해주고, 하나씩 완수한 다음 교사와 하이파이브를 하거나, 아동이 해야 할 것을 잘 마무리했음을 칭찬으로 확인해주고 알아차려주는 반응으로 긍정적 훈육을 인식시켜 줄 수 있습니다.

❹ **강한 감정반응으로 불편한 상황을 회피하려고 한다.**

아동에게 필요한 교육은 강한 감정반응을 표출하더라도 결국 멈추고 교사와 이야기를 하고 활동으로 복귀하도록 하는 것입니다. 특히 포용기질은 말과 설명보다는 경험 기억으로 학습하는 기질적 특성이 우세하여, 강한 울음이나 소리지르기 행동을 보이더라도 안되는 것은 안된다는 것을 경험으로 체념하도록 지도하며 기다리는 시간도 필요합니다. 다만, 갑자기 확고한 규칙을 제시하거나 강한 감정분출에도 반응해주지 않으면, 당황하여 더 흥분하거나 오기를 부리며 분노할 수 있습니다. 그러므로 사전에 어떤 규칙이나 행동에 대해 지도할 것인지, 강하게 소리를 지르거나 물건을 던질 때 교사가 어떻게 지도할지에 관해 개별적으로 설명한 뒤 다음 날부터 실행하는 것이 좋습니다. 이는 아동에게 교사의 안내를 스스로 이해하고 노력을 할 기회를 주며, 아동이 마음 준비할 시간을 제공하기 위함입니다. 혹 아동이 자신의 강한 감정을 진정하기 어려워하거나 친구들이 불편해한다면, 교실이나 원장실 내 대방석이나 텐트 등을 이용하여 안전하게 감정을 진정할 장소를 주는 것이 좋습니다. 단, 그 시간에 놀이하거나 간식을 먹는 등의 불필요한 강화 자극을 주지 않는 것이 중요합니다.

셋째, 설명하거나 감정을 표현하는 것을 어려워하는가?

아동이 또래 갈등 상황을 설명하는 것을 어려워하거나 감정표현이 어렵다면, 언어소통을 위한 도움을 제공하는 것이 필요합니다. 다른 친구가 먼저 상황을 설명하도록 하고 그 이야기를 들으며 맞는지 아닌지 생각해 보고 어떻게 말할지 시간적 여유를 주는 것도 좋습니다. 또 다른 방법은 자신의 감정을 그림이 있는 감정카드로 골라 우선 감정을 표현하여 도움을 청하고 표현하는 기회를 주는 것도 아동을 안심시키는 방법입니다.

- 등원했을 때, 하원할 때, 감정카드를 선택하며 나의 기분을 체크하기

"교실 문에 붙여진 감정카드를 보면서, 오늘 나의 기분을 말하는 인사를 서로 한다. 오늘 선생님의 기분은 즐거워. 주민이의 기분은 어때?"

- 동화책 내용을 그림카드로 만들어 순서대로 맞추면서 이야기를 말하기

"주민이가 동화 내용을 순서대로 맞추고 이야기해 줘~."

- 반 아이들과 놀이를 하며 요청하는 말과 대답하는 말을 붙여 놀이처럼 연습하기

"나는 노랑색 색종이를 하고 싶어, 노랑색 해도 돼?"

- 긍정적인 감정부터 세부적으로 분화하여 반영해 주며, 감정표현 가르쳐주기

"주민이가 ~하며 신나는구나."

"주민이가 ~해서 뿌듯하구나."

"주민이가 ~가 기대되는 구나."

"주민이가 ~가 재밌구나."

"주민이가 ~하니까 즐겁구나."

- 또래와 역할을 정해 극놀이하며 감정표현 배워보기

  감정표현을 잘해볼 수 있는 동화책을 정하고 서로의 역할을 정하며 극놀이를 연습한다.

- 교사의 소소한 일상적인 기분을 말로 전달하며 자연스럽게 소통한다. 교사의 일상적 감정표현의 모델링은 아이들에게 자연스럽게 학습됩니다.

  "선생님도 오늘 인형놀이를 하고 싶었는데, 주민이도 인형놀이가 좋아? 와 신난다."

  "선생님이 오늘 비가 올 때 걸어오다가 치마가 젖었어. 그래서 조금 속상해."

  "선생님이 좋아하는 점심 반찬이 나와서 신난다~."

교육은 비유하면, 정원 설계와 같다고 생각합니다. 정원을 설계할 때는 공간, 토질, 환경적 조건을 고려하면서 그에 적합한 식물을 어떻게 심을지 세심하게 구성하고 계획합니다. 이처럼 교사도 교실이라는 환경적 여건을 고려하면서, 참여하고 있는 각기 다른 아동들의 기질 특성을 파악하며 가장 적절한 교육을 설계합니다.

7장

STA 기질,
기질유형 별 마음읽기 방법

마음읽기
바로 알기

　마음을 읽는다는 것은 아동의 마음을 헤아리는 것입니다. 아동의 마음을 헤아리기 위해 아동의 표정, 말, 행동, 보이지 않지만 느껴지는 감각들에 주의를 기울여 관찰하고, 경청하고, 아동의 입장에서 상황을 보고 느끼며 공감한 다음에 마음을 말로 읽어주는 것입니다. 그래서 마음을 읽는다는 것은 누군가를 진심으로 사랑 안에서 이해하려는 노력이자 의지입니다.

　마음을 읽는다는 것은 소통입니다. 그러나 마음읽기를 잘못 생각할 때가 있습니다. 아동을 훈육할 때 해야 하는 언어적 기술이자 지침이라고 생각하거나, 아동의 마음을 읽어주어야 아이가 화를 내지 않으니까 해주는 것처럼 아동을 다루는 기술로 생각하기도 합니다. 만약 이와 같은 방식으로 마음읽기를 하고 있다면, 표면적으로 대화가 잘 되는 효과가 있겠지만 마음과 뜻이 통하는 소통이 되지는 않을 수 있습니다. 그러면 그 순간 아동은 교사의 말을 이해는 하지만, 마음을 서로 이해하는 것은 아니기 때문에 갈등이나 어긋난 대화가 여러 번 반복될 수 있습니다.

마음을 읽는다는 것은 마음과 뜻이 통하는 대화입니다. 아동의 마음을 읽어준다는 것은 아동의 마음과 뜻을 해석하여 말로 전달하는 것입니다. 서로 통하는 것이 소통이기 때문에 교사의 마음과 뜻을 아동이 이해할 수 있는 방법으로 전달하며 연결하는 것입니다. 마음을 읽는 방법은 꼭 말로 국한되지는 않습니다. 마음이 통하는 대화 방법은 포옹하여 안아주는 것일 수도 있고, 얼굴을 마주봐 주는 눈 맞춤일 수도 있고, 아동과 같은 행동을 따라하며 '어쩌지…', '어떻게 할까…'라는 표정으로 바라봐주는 기다림일 수도 있습니다. 어쩌면 드러난 말보다 말이 품고 있는 감정적 신호가 더 중요한 메시지를 전달하는 것이 대화입니다. 이와 더불어 마음 읽기는 대화이기 때문에 교사의 마음을 전달하는 것도 중요합니다. 교사가 훈육 상황이나 교육 상황에서 자신의 감정상태를 전달하는 것이 아니라, 교사의 뜻과 마음을 전달하여 아이와 서로 이해관계를 맺고 싶어 하는 마음을 전달하는 것입니다. 그래야 비로소 서로가 마음을 연결하고 대화하는 마음 읽기가 가능해지는 것입니다.

아동의 마음을 읽어주기 전, 교사는 전달하고자 하는 메시지를 명확하게 인식해야 합니다. 아동의 마음을 읽어주면서 아동과 대화하기 위해서 교사는 먼저 자신이 아동에게 전달하고 싶어하는 뜻과 마음이 무엇인지를 명료하게 인식해야 합니다. 교사의 뜻과 마음이 불분명하면 아동에게 교사의 마음을 전달할 때 모호한 말이 많아지고 설명이 장황해지면서 아동이 이해하기 어려워지기 때문입니다.

교사가 아동의 마음을 헤아릴 준비가 되어 있는가 점검해야 합니다. 교사가 교실에서 여유가 없는 상황이거나, 체력이 소진된 하루라면 역량이 아닌 체력적 한계와 환경적 요인으로 교사의 마음읽기 능력을 충분히 발휘하기 어렵습니다. 괜찮습니다. 오히려 이때는 너무 아동의 마음을 읽어보려고 억지로 애쓰다가 대화 상황이 길어져 지치는 것보다, 말을 아끼고 오늘 선생님의 상태와 마음, 뜻을 전달하는 것이 낫습니다. 그러나 교사의 기분과 상태만 전달하면 아동은 교사의 마음을 듣고 어떻게 헤아리고 반응해야 할지 난감하고 어렵기 때문에, 교사가 상황이나 상태를 전달하며 아동에게 기대와 부탁을 함께 말해주는 것이 좋습니다.

“지금은 선생님이 친구들과 수업을 하는 시간이야.”
“그래서 하민이와 지금 바로 이야기하기가 어려워.”

"선생님이 하민이가 마음이 진정할 때까지 기다려줄게."
"선생님은 하민이 기분이 괜찮아져서 같이 수업하면 좋겠어."
"여기 의자가 하민이 자리야, 기분이 괜찮아지면 여기 와서 앉아."

마음읽기가 통하지 않는 상황도 있습니다. 아동 스스로 상황을 인식하지 못한 채 눈감고 울고 있거나, 전혀 주의를 기울여 보고 듣지 않고 무조건 원하는 대로 하겠다고 떼를 쓰거나 고집을 부린다면 아동이 상황을 직접 보고 인식하도록 기회를 주는 것이 중요합니다. 그 이유는 아동이 상황적 단서를 보고 인식했을 때, 좀 더 자신의 마음을 상황에 맞게 조절해야 하는 목적을 발견하기 때문입니다. 이때 교사는 아동이 잘못했음을 깨닫게 하려고 몰아세우거나 민망함을 주려고 해서는 안 됩니다. 아동이 가만히 상황을 인식하면서 상황을 볼 기회를 주고, 아동이 진정되면 교사가 상황을 작은 말로 설명해 주어 너무 민망하지 않게 상황을 직면하게 도와줍니다. 조용한 말로 설명하는 이유는 아동이 너무 수치스럽고 죄송한 마음을 감당할 수 없다고 판단하면 그 상황을 부정하거나 회피할 수 있기 때문입니다. 또한 교사의 목적은 상황을 설명한 다음에 죄책감을 주려는 것이 아니라 올바른 결정과 조절을 하도록 가르치는 것이므로 긍정적인 기대 행동을 말해주어야 합니다. 그때 아동은 교사에게 자신의 존재가 여전히 긍정적인 존재라는 것을 확인하며 다시 올바른 행동을 선택하려는 동기를 갖습니다.

아동의 마음을 읽어줄 때, 걷어내야 할 생각이 있습니다. 마음 읽기는 교사가 아동의 마음을 해결해 주거나 달래주는 것은 아닙니다. 교사가 아동과 같은 마음을 느껴주며 곁에 있어 주고, 그 마음이 정리되도록 동행해주며, 마음을 인식하도록 안내해 주는 것 뿐입니다. 그러므로 아동의 부정적 마음을 이해하고 헤아리되, 빨리 위로하려고 하거나 단순한 해결 방법으로 주의 전환을 하는 것을 삼가야 합니다. 빠른 감정 해결은 불편한 상황을 쉽게 해결할 수는 있어도 자신의 감정에 주의를 기울여 생각해 보고 정리해 볼 기회를 주지 않기 때문입니다. 그러면 결국 아동은 자신의 감정을 스스로 인식하고, 표현하고, 진정하고 정돈하여 해결하는 방법을 터득할 수 없게 됩니다.

아동이 상황을 인식하지 못한 상황에서
교사가 주도적으로 마음을 읽어주어야 할 때

아동의 마음을 충분히 읽어줄 수 있는 상황일 때

기질유형별
마음읽기 포인트

마음을 읽는다는 것은 헤아리는 것, 소통하는 것, 대화하는 것입니다. 즉 기질 유형이 갖는 에너지원과 핵심 욕구를 헤아려 주는 것, 기질특성을 이해하고 소통하고 대화하는 것이 기질유형별 마음읽기의 핵심입니다.

관용기질

관용기질에게 진정한 공감은 이해입니다. 관용기질 아동은 마음속에 생각과 감정을 섬세한 잔가지가 펼쳐진 나무처럼 가지고 있습니다. 그래서 자신의 감정을 딱 한 가지 단어로 정의하는 것이 어렵습니다. 여러 감정과 생각들이 복잡하게 연결되어 일어난 감정을 느끼며, 축적된 감정들이 터져 나오는 감정이기 때문에 감정표현이 더 어렵습니다. 그래서 관용기질 아동은 드러난 감정만 헤아리기보다는 아동이 어떤 상황과 맥락 속에서 느낀 감정인지 이해한다는 말을 해줄 때 공감을 받았다고 느낍니다.

"은정이가 방금 전에 친구한테 인형을 빌려줬는데…"
"곰돌이는 꼭 은정이가 하고 싶었는데 곰돌이까지 친구가 빌려달라
   니까 마음이 불편했지…"
"친구한테 빌려주고 나니 속상하구나."
"은정이가 친구한테 빌려준 건 참 고마운 건데, 친구가 고맙다고 말
   해줬어?"
"은정아, 우리 친구한테 고맙다는 말 들으러 가자."
"은정아, 그리고 다시 빌려달라고 해보자."

관용기질 아동은 감정을 표현할 수 있는
안전한 상황을 만들어주어야 감정을 표현합니다.

관용기질 아동은 부정적인 정서를 분출하려는 경향이 아니라 억제하려고 하는 특성이 있습니다. 관용기질 아동은 자신의 부정적인 감정을 드러내도 다른 사람과의 불편감이 생기지 않을 것이

라는 안전감이 있을 때 감정을 표현할 수 있습니다. 관용기질 아동은 자신의 부정적 감정을 말했을 때 친구가 혼나야 하는 상황이 되면서 친구와 불편한 관계가 되거나, 자신의 감정을 솔직하게 말해도 이해받기보다는 또 다른 훈계를 들을 것이라 예상되면 감정을 잘 드러내지 않습니다. 그래서 관용기질 아동은 자신의 아쉬움, 섭섭함, 속상함, 얄미움, 좌절감, 화남 등 감정을 교사보다는 가정에 돌아가 부모에게 말하는 모습을 보입니다. 그러므로 교사는 관용기질 아동의 감정을 공감할 때 감정을 말해도 불편한 상황이 생기지 않는다는 안전감과 자신을 비난하지 않을 것이라는 신뢰감을 주는 것이 중요합니다. 교사는 관용기질 아동의 감정에 과도하게 반응하거나 편을 들어주는 것보다는 있는 그대로 감정을 반영하고 수용하는 태도를 보여주는 것이 좋습니다.

- 안전하게 자신의 감정을 표현할 수 있도록 일대일 관계에서 공감해 주는 것이 좋습니다.
- 또래와의 갈등 상황에서는 직접 친구 앞에서 바로 자신의 감정을 표현하도록 지도하는 것보다 갈등을 중재한 다음, 교사가 아동과 일대일로 감정에 대해 공감하고 소통합니다. 그 후 아동이 직접 친구에게 감정을 전달하도록 지도하는 것이 아동에게 안전합니다.

- 아동의 입장에서 반영해서 말해줄 때 아동은 비난과 평가로부터 안전감을 느낍니다.

  "네가 진정되면 선생님한테 와서 말해줘."

  → "네가 진정할 시간이 필요하구나."

  "기분이 안 좋으면 여기 앉아 있어."

  → "아직 기분이 안 좋구나. 그럴 수도 있어."

  "속상해도 삐치는 건 좋지 않은 거야."

  → "속상하니까 말하고 싶지 않구나."

- 감정이 고조되거나 속상해서 아동이 토라졌을 때 잠시 감정을 정돈할 수 있는 조용한 시간을 주면 안전감을 느낄 수 있습니다. 이때 교사의 말과 행동, 표정을 통해 아동에게 전달되는 메시지는 벌과 무시가 아니라, 배려로 느낄 수 있도록 도와주어야 합니다.

  "잠시 조용한 시간 보내다가 마음이 편해지면 놀아~"

관용기질 아동에게는
지적보다는 당부가 더 좋습니다.

관용기질 아동은 감정적인 갈등과 부적절한 행동을 보였을 때 스스로 민감하게 감정을 느끼고 억제하는 경향을 지니고 있어서, 자신의 실수와 잘못을 잘 알고 있을 수 있습니다. 다만 잘 조절되지 않았을 뿐입니다. 관용기질 아동은 자칫 과도한 자책감에 너무 감정을 억제하다가 갑자기 표출하는 경향이 있습니다. 표출행동 자체를 지적하게 되면 더 움츠려 감정을 억압하다가 분노로 표출할 수도 있습니다. 그러므로 실수행동을 보였을 때 지적보다는 당부가 더 좋습니다.

"소리지르지 않고 말해야지."^{지적}

→ "다음에는 소리지르지 말고 부탁해보자."^{당부}

몰입기질

몰입기질에게 진정한 공감은 동의입니다. 몰입기질 아동은 자신의 주장이 강한 아이들인 만큼 자신의 생각에 적극 반응해 주는 사람을 원합니다. 몰입기질에게는 위로가 필요한 것이 아니라 내가 하고 싶었던 것, 내가 잘하고 싶은 것, 내가 중요하다고 생각하는 것에 대한 동의가 필요합니다. 따라서 몰입기질 아동의 마음을 읽어줄 때는 아동이 말과 행동 속에서 어떤 것에 대한 동의와 확신을 느끼고 싶은지 살펴야 합니다. 감정을 진정해야 한다면 지시하기보다는 같이 방법을 찾아보자는 의논이 좋습니다.

“은정이가 화가 난 건 이기지 못해서 아쉬워서 그런거니?”

“은정이가 진짜 이기고 싶었구나.”

“우리 은정이한테 이번 시합은 진짜 중요한 거였구나.”

“은정아, 우리 친구한테 한 판 더 해보자고 할까?”

“은정아 어떻게 하면 이기지? 우리 이길 수 있는 방법을 생각해 보자.”

“은정아, 그런데 다시 또 해도 지면 어떡하지? 대결해서 지면 어떻게
  하지?”

몰입기질 아동은 상황이 확실하게 이해되고, 해결되었을 때 감정을 수용합니다.

몰입기질 아동의 특성은 감정을 알아달라는 것이 아닌 자신이
원하는 것을 해결해달라는 것입니다. 그래서 교실에서 또래와 다
퉜을 때 소유의 갈등, 주도권의 싸움에서 갈등의 원인과 책임이
분명해지는 것이 중요합니다. 또한 해결과정을 먼저 가르쳐주고
도와주는 것이 필요합니다. 이때 상황 해결 전, 감정 문제를 먼저
해결하려고 공감을 했다가는 더욱 다툼이 커질 수 있습니다. 그
이유는 몰입기질 아동에게는 상황에 관한 논리적 해결이 중요하
기 때문이며, 감정문제는 상황에 대한 답답함으로 드러난 것이
지, 감정 때문에 싸움이 생긴 것이 아니기 때문입니다. 종종 교사
가 몰입기질 아동을 이해하지 못할 때 상황을 분명하게 해결해

주지 않고 아이들 간의 감정과 입장을 말하고 공감하도록 지도하면, 간단하게 해결될 다툼도 커지는 경우가 있습니다. 왜냐하면 아동이 원하는 문제 해결 방법과 다르기 때문입니다. 몰입기질의 감정을 이해할 때는 감정 때문에 화가 난 것이 아니라, 상황 때문에 화가 난 것이라는 것을 분명하게 인식해야 합니다.

- 아이들의 갈등이 생겼다면, 상황 파악을 먼저 해야 합니다.
- 논리적 문제 해결 과정에서는 원인과 결과가 중요합니다. 즉, 몰입기질 아동이 친구를 밀었다고 해도 그 행위보다는 그 이전 원인이었던 친구의 놀리는 행동, 자신의 물건을 함부로 만졌던 행동에 대해 언급하고 원인으로 다뤄주는 것이 필요합니다. 그 원인을 간과하거나 그렇다고 해도 밀어서는 안된다고 갈등상황을 지도하면, 교사의 지도방법과 훈계를 받아들이지 않을 것입니다.
- 원인을 제공한 아동이 있다면 먼저 그 행동에 대해 사과하도록 하고, 그 다음에 몰입기질 아동의 행동에 대해 친구에게 사과하도록 지도하는 것이 순서입니다. 이는 몰입기질 아동이 원인을 제공했을 때도 똑같습니다. 논리적 문제해결 방법으로 지도할 때 몰입기질 아동은 교사를 더 신뢰합니다.

몰입기질 아동에게는 정서반영보다는

이해했다는 것을 보여주는 부연반영이 도움이 됩니다.

- 정서반영 : 아동의 정서를 정서단어로 반영해주는 것
  "네가 억울하구나."

- 부연반영 : 아동이 한 말을 교사의 말로 다시 말해주는 것
  "네가 먼저 밀지 않았다는 거지."

교감기질

교감기질에게 진정한 공감은 사랑입니다. 교감기질 아동은 자신의 마음을 내 편에서 알아주는 무조건적인 공감을 원합니다. 그래서 교육 환경에서는 여러 아이의 교사로서 공정하고 마음을 이해하는 것이 중요하다 보니, 무조건 아이의 편에서 공감하기가 쉽지 않습니다. 교감기질 아동의 모든 생각, 감정이 옳은 것은 아닙니다. 그러나 교감기질 아동은 맞장구처럼 아이의 입장에서 먼저 반응을 해준 다음에 공정하고 합리적인 설명을 해줘야 교사의 지도와 해결방법을 수용합니다. 그러므로 첫 공감 반응이 중요합니다.

"은정이는 친구한테 먼저 같이 놀자고 얘기했는데...속상하겠다."

"은정이는 놀자고 계속 말해주고, 기다려주기도 했는데 그래도 싫
다고 하니까 속상했겠다."

"그런데 은정아, 민지가 은정이가 싫은 게 아니라, 지금은 클레이보
다 다른 것을 하고 싶대."

"은정이가 지금 친구 마음을 이해해 주면, 민지도 은정이가 화를
내는 게 아니라 속상해서 그런 지 알 수 있을 거야."

"우리 민지 마음을 한 번 이해해 줄까?"

교감기질 아동은 부정적 감정을 표현할 기회를 늦지 않게 주어야 합니다.

　교감기질 아동의 기질 특성은 감정을 분출하고, 자신의 감정을
누군가 교감하고 교류해 주기를 바랍니다. 교감기질 아동은 부정
적인 감정을 교사에게 말하고, 표현하고, 분출하여 알아주기를
바랍니다. 그런데 교사가 아동의 감정에 무심하거나 무시하면 아
동은 감정표현을 포기하는 것이 아닌 더욱 강하게 드러나게 감정
을 표현합니다. 그래서 교감기질 아동을 지도할 때는 아동의 감
정표현이 부적절할 때, 잘못된 표현 방식은 올바른 표현 방식으
로 바꾸어 가르쳐야 하고 무조건 무시해버리면 안 됩니다. 예를
들어, 친구랑 놀다가 사이가 틀어져서 속상함을 말과 행동으로

드러내고 있을 때 선생님한테 와서 무슨 일인지 말해 달라고 하면 금방 와서 말할 수 있는 기질의 아동입니다. 그러나 아동이 상한 감정을 표현할 때 모르는 척해버리면 아동은 결국 친구들과 놀이할 때 작은 부딪침에도 감정을 분출하는 예민함을 보일 수 있습니다. 그러므로 교감기질 아동을 공감할 때는 아동의 감정이 드러나는 초반에 공감하는 것이 좋습니다. 폭발할 정도로 감정이 분노와 원망으로 변해있을 때 공감해주려고 하면, 부정적 감정이 너무 커져 있어서 교사도 공감하느라 힘들고 아동도 상한 마음 때문에 힘들 수 있습니다.

- 아동의 감정을 먼저 물어봐 주는 것이 부정적 감정으로 예민해지는 것을 예방할 수 있습니다. 아동이 말하지 않고 감정을 드러낼 때 감정을 말할 수 있는 기회를 주는 것입니다.
- "괜찮아?" 라는 질문으로 감정을 표현할 수 있는 기회를 제공합니다. 별 것 아닌 질문 같지만, 교감기질 아동은 자신에게 관심을 가지고 자신의 감정선을 알아차려주고 헤아려준다는 든든한 마음을 느낄 수 있습니다.

감정선이란, 감정 변화의 과정을 의미합니다.

교감기질 아동에게 필요한 공감은 감정선을 알아주는 것이며,

감정 변화를 알아주는 것이 최고의 관심입니다.

"오늘 아침 기운이 없는 것 같은데, 괜찮니?"
"기분이 안 좋아 보이는데, 무슨 일있니?"
"잘 안되어서 힘들구나, 도와줄까?"

포용기질

포용기질에게 진정한 공감은 수용입니다. 포용기질 아동에게 공감은 어떤 반응이 아니라, 편안하게 자신의 실수와 감정을 받아주고 수용해 주는 것입니다. 포용기질 아동은 공감을 원할 때 어떤 질문을 해주거나 말을 길게 해주기보다는 그저 안아주는 것, 너무 물어보지 않는 것, 그냥 모르는 척 실수를 지나가 주고 웃어주는 것, 유쾌하게 장난처럼 민망함을 포용해 주는 것을 원하기도 합니다. 그러므로 포용기질 아동에게 공감을 해줄 때는 많은 질문이나 말은 삼가는 것이 중요합니다. 그보다 부드러운 표정과 손길로, 문제가 있는 상황처럼 반응하기보다는 자연스럽게 반응해 주는 분위기가 중요합니다. 포용기질 아동에게는 부정적인 감정을 많이 말하도록 하는 것보다는 감정이 나아졌을 때 긍정적으로 문제를 해결하는 것이 더 도움이 됩니다.

"옅은 미소를 지으며 은정아..."

"손을 부드럽게 잡거나, 등을 토닥여주며 좀 화났을 것 같다."

"아이에게 도란도란 말을 하듯 같이 놀고 싶은데 친구들끼리만 놀고..."

"조금 기분이 나아지면, 선생님과 같이 놀까? 아니면 친구들한테
놀자고 말하러 가볼까?"

"아~ 친구한테 다시 갈 거야. 좋아!"

"우리 친구한테 가서 '섭섭했어'라고 말하고 '나도 같이 자동차 놀
이하면 되잖아'라고 말하자~"

포용기질 아동은 일상대화에서
가볍게 감정을 물어볼 때 감정표현을 잘합니다.

포용기질 아동은 기질적으로 긍정적인 경향성을 가지고 있습
니다. 재미와 경험을 추구하는 기질욕구도 긍정적인 결을 타고난
점과 연결됩니다. 그래서 부정적인 감정을 인식하고 표현하는 것
이 잘되지 않습니다. 그래서 부정적인 상황이나 분위기 속에서
감정을 말하도록 하면, 대체로 감정 자체를 인식하려고 하지 않
고 부정하거나 회피합니다. 아동이 겉으로 드러낸 감정은 이미
신경질을 내고 있고, 화를 내며 씩씩거리고 있어도 감정을 물어

보면 괜찮다고 하거나, 그냥 화를 내는 소리를 내거나, 울지만 감정을 말로 표현하려고 하지는 않습니다. 그래서 포용기질 아동을 공감할 때는 불편한 그 상황에서 즉각 감정을 물어보지 말고, 갈등을 중재해 준 뒤에 놀이를 마무리하고 물어보는 것이 좋습니다. 교사가 열린 질문으로 물어볼 때 모호한 감정을 더욱 말하기 어려워하기도 합니다. 오히려 감정을 어떻게 말해야 할지에 대한 예시를 보여주듯 교사가 먼저 말을 꺼내주는 것이 좋을 수도 있습니다. 예를 들면, "선생님은 친구들이 새치기하고 메롱 놀리면 정말 기분이 나쁘기도 하고 얄밉기도 한 것 같아. 포용이는 어때?"라고 물어봐주는 것입니다. 또는 화장실에 가서 손을 씻을 때나 바깥놀이를 나가서 들어오는 길에 "포용아, 아까 친구가 놀렸을 때 속상하기도 하고 화도 났을 것 같아. 포용이 기분은 어땠어?"라고 물어봐도 좋습니다.

포용기질 아동과 감정 대화를 할 때는
구체적인 감정 단어를 알려주는 것도 필요합니다.

감정은 정답이 없고, 주관적으로 느끼는 것을 말하는 것입니다. 그러나 감정을 말한다는 것은 자신의 주관적 느낌과 감정 상태를 언어로 정의하여 표현하는 복잡한 인지과정을 거칩니다. 감정에 대해 둔감하거나 자주 표현해 보지 않은 아동은 모호한 감정을 어떤 단어로 이름지어 표현해야 할 자기가 매우 막막합니다. 포용기질 아동이 감정표현을 어려워한다면, 교사가 아동이 느끼는 감정을 구체적인 여러 감정 단어로 알려주고 선택하도록 하는 것도 도움이 될 수 있습니다.

마음읽기 기준 및
잘못된 마음읽기

아동의 마음읽기를 할 때, 교사와 부모의 기준이 잘못되면 아이를 응석받이로 키우게 됩니다. 응석받이란, 어른들이 귀여워해 줄 것을 믿고 버릇없이 굴며 자란 아이를 뜻합니다.

잘못된 마음읽기는 한마디로 말해, 불필요한 마음을 읽어주어 아동으로 하여금 자신의 감정과 마음이 최우선 가치가 있다고 생각하게 한 잘못된 훈육을 의미합니다. 책과 미디어, 방송 등 다양한 매체에서 아동의 인권이 중요하며 아동의 마음을 헤아리는 감정을 중요하게 다루고 있습니다. 아동의 인권과 감정은 매우 중요합니다. 그러나 부모와 자녀, 교사와 학생이라는 관계의 질서가 빠진 공감, 마음읽기, 감정대화, 정서적 지지는 아동에게 어른에 대한 공경, 존경, 존중을 가르치지 않고 자아를 팽창시킬 수 있습니다. 자아만 팽창된 아동은 자신이 모두 옳다고 생각하고 자신이 모두 다 할 수 있다고 생각하며 부모와 교사의 울타리를 필요하다고 생각하지 않습니다. 잘못된 자아 팽창의 결과는 자신의 능력에 대한 좌절과 실패, 조절되지 않는 행동으로 인한 사회적 거절, 허용적인 사람들 속에서만 힘을 행사하는 가정 내 품행 문제를 보이게 됩니다.

잘못된 마음읽기로 인한 아동의 태도는 부모와 교사의 지시에 따라야 할 때 불순종한 행동으로 드러납니다. 부모와 교사의 지시를 따르는 것을 오히려 자존심 상해하거나, 부모를 이겨야 하는 것으로 착각하고 대치하며 고집으로 이기려고 하는 모습으로 드러나기도 합니다. 종종 부모와 교사는 아동의 감정을 진심으로 알아주고 친절하게 설명해 주며 늘 온정적으로 양육하고 교육했는데, 아이가 왜 이렇게 못된 행동을 하거나 화를 내는지 모르겠다고 당혹스러워합니다. 아동의 문제 행동 원인은 권위가 빠진 애정만 있었기 때문입니다.

영유아기는 삶과 관계와 사회적 질서를 배우는 첫 단계이고 학령기는 배웠던 질서와 조절력을 토대로 스스로 삶과 관계, 사회적 상황에서 살아가 보는 첫 단계입니다. 그래서 부모, 교사는 영유아기에 아동과 신뢰로운 관계를 형성하고, 그 관계 속에서 마땅히 배워야 할 것을 순종하도록 지도합니다. 순종이란, 신뢰와 존경을 바탕으로 하는 관계에서 권위 있는 사람의 명령, 규칙을 자발적으로 따르는 것을 의미합니다. 즉, 건강한 애착을 형성한 아동은 애착대상자인 부모와 교사를 신뢰하고 존경하며 어른이 말하는 규칙과 지도를 따릅니다. 이는 자연스러운 발달행동으로 실제 발달검사 지표에서도 12개월이 지나 부모의 말을 어느 정도 알아듣기 시작하면서부터는, 부모가 말하는 간단한 심부름을 이행하고 지시와 지도를 따르며 부모가 감정을 달래주면 금방 안정되는 것이 정상발달 기준입니다. 아동이 18개월이 지나도 반대로 부모의 말을 알아듣지 못한다면 언어 발달 지연 문제가 있거나 주의력 문제가 있을 수 있으며, 언어를 이해하면서도 지시를 따르지 않는다면 기본적인 규칙과 행동조절을 배우는 과정에 문제가 있다고 봅니다. 또는 부모와 아동의 애착관계에 문제가 있거나, 함께 생활하고 놀이하면서 자연스럽게 배워야 하는 행동 조절, 마음 조절을 가르치지 않은 훈육 부재 문제라고 진단합니다. 그러므로 아동이 행동 및 감정조절을 잘하지 못할 때, 아동이 규칙을 지키기 어려운 것으로 핑계를 대서는 안됩니다. 물론 좀 더 규칙을 지도하기 힘든 기질이 있으나, 그럼에도 부모와 교사의 책임은 아동에게 애착, 권위, 규칙과 규범, 조절을 가르치는 것입니다.

잘못된 마음읽기는 아동의 마음을 힘들게 합니다. 아동이 어른을 통해 배워야 할 옳고 그른 행동 기준을 배우지 못합니다. 오히려 자신의 모든 감정을 부모와 교사 등의 어른이 책임져주는 것이 당연한 줄 압니다. 내가 잘못해도 부모가 이유가 있을 것이라고 헤아려주고, 내가 고집을 부려도 고집을 부릴 만한 이유가 있을 것이라고 헤아려주고, 버릇없는 말과 행동을 보여도 그럴 만한 사정과 감정 때문이라고 옹호를 받았던 아동은 모든 일에 늘 이유가 있고 자신이 가장 중요한 사람이 됩니다. 그렇게 자기중심성이 강해지면, 어른이 아동의 감정을 알아주지 않을 때 아동 입장에서는 늘 당연하게 해주던 것을 해주지 않으니까 화가 납니다. 아동이 자신의 행동을 돌아보고 어른의 마음을 헤아리는 것은 배우지 못했기 때문에 모든 잘못은 어른에게 있다고 생각합니다. 그래서 어른에게 화가 나고 분노와 원망을 품게 됩니다. 이것이 자기중심적인 아동의 특성입니다.

아이를 탓할 수 없습니다. 왜냐하면 어른이 아동에게 어른을 존중하고 존경하며 어른의 의도를 헤아리거나 마땅한 지도를 따르도록 가르치지 않았기 때문입니다. 아동은 몰랐던 것입니다. 그러므로 가정에서 부모와 양육자가 마음읽기를 할 때 분별된 지혜를 갖고 있어야 하고, 교육기관에서는 교사가 올바른 기준을 가지고 있어야 합니다. 부모와 교사의 질서가 곧게 세워진다면 아동은 차차 경험하면서 배우고 익혀나갈 수 있습니다.

마음을 계속 읽어주어야 할 때는
자신의 마음과 감정인식이 어려운 영아기입니다.

12개월~15개월 정도까지 아동은 자신의 마음과 감정을 분명하게 인지하지 못한 채 행동합니다. 블록을 세워주면 쓰러뜨리는 것은 단순히 쓰러뜨렸을 때 블록을 와르르 무너지는 작용이 신기하기 때문입니다. 그렇게 나의 행동에 대한 결과적 반응을 실험하고 터득해 나가는 시기입니다. 이 시기 아동이 또래를 물거나 밀치거나 할퀴는 행동은 의도가 있는 것이 아닙니다. 자신의 것과 타인의 소유를 구분할 만한 인지발달을 하지 못했고, 또래라는 타인을 인식하고 어떻게 반응하고 대처해야 할지 잘 모르기 때문에 자신의 물건을 지키기 위해, 또는 자신의 안전을 지키기 위해 공격합니다. 그래서 어린 영아기 시기에는 지속적으로 마음을 읽어주고 그다음 안된다는 것을 말과 행동으로 표현하면서 '안되는 것이 있구나.'라는 감을 잡도록 가르칩니다.

"친구가 소리를 질러서 놀랬구나."

"자동차를 가져가서 속상했어."

"더 놀고 싶어, 아쉬워~"

마음을 읽어주어야 할 때는
아동이 감당할 수 없는 감정을 느낄 때입니다.

아동이 놀이터에서 놀다가 넘어졌을 때, 살짝 발이 꼬여 넘어졌고 상처가 나거나 다친 것은 아니지만 조금 민망하고 부끄러운 상황이라면 마음을 읽어주어야 할까요? 아닙니다. 아이가 스스로 자신의 감정을 인식하고 정돈할 수 있는 정도라면 그냥 두어야 합니다. 그 감정은 아이의 몫이고 책임입니다. 그러나 아동이 넘어져서 다쳤거나, 약을 발라야 할 정도로 아프거나, 넘어지는 바람에 뛰어가는 또래 무리를 놓치고 같이 참여하기가 어려운 상황이라면 도와주어야 합니다.

"은정아, 많이 다쳤구나. 선생님이 잡아줄게 일어나보자."
"친구들이 은정이가 넘어진 걸 못 봤나 보다. 아고~ 속상하지."

마음을 읽어주지 말아야 할 때는
마음을 조절하고 규칙과 질서를 배워야 할 때입니다.

마음을 읽어주지 않는 이유는 아동이 배워야 할 것이 순종이기 때문입니다. 이는 아동의 잘못된 욕망, 행동, 감정을 절제해야 하는 상황임을 가르치는 것입니다. 아동이 호기심이 있다고 불을 만져보면 안 되고, 도전해 보고 싶다고 위험한 난간에 올라가면 안

됩니다. 다른 사람을 불편할 정도로 귀찮게 해서는 안되고, 때리거나 머리카락을 잡아당기거나, 세게 달려들어 몸씨름을 해서도 안됩니다. 아동의 감정과 마음이 아무리 중요해도 사회규범과 가정의 규칙을 어기며 자신의 감정을 채우는 것은 잘못된 행동입니다. 이 모든 것을 '자기조절이 안되는 행동'이라고 말합니다.

- 위험한 행동을 멈추도록 할 때, 마음읽기는 하지 않습니다. 이 때는 왜 규칙을 지켜야 하는지 장황한 설명은 필요하지 않습니다. 안전 규칙에 대해 아동이 바깥 놀이를 나가 횡단보도 앞에서 안전선을 지키지 않고 돌아다니려고 한다면 단호하게 말해야 합니다.

  "은정아, 멈춰! 노란 선 뒤로 와라."

  "은정아, 여러 명과 움직이는 상황이라서 안전 규칙을 잘 지켜줘야 해. 돌아다니지 마라."

- 양육자/부모/교사/친구 등의 다른 사람을 괴롭힐 때는 불편하다고 말하고 제한해야 합니다. 그리고 적절하게 부탁할 말과 행동을 대신 가르쳐주어야 합니다.

  "선생님 머리를 잡아당기는 건 안 돼. 정말 불편해!"

  "선생님 미용실 놀이 할까요? 라고 물어보는 거야."

  "친구 옷을 잡아당기면 싫대. 친구가 다칠 수 있어서 하면 안 돼."

“이리 와 봐~ 라고 말하는 거야.”

- 사회규칙과 가정규칙을 지도할 때는 처음에는 설명하여 가르치고, 직접 보여주면서 가르쳐주되, 규칙을 인지한 다음부터는 지시합니다. 그러나 사전에 지도해야 할 것이 있습니다. 아동에게 설명하는 단계를 건너뛰거나 직접 보여주면서 지도하는 시연과 연습과정을 건너뛰고 지시와 명령으로 가르치는 것은 잘못된 방법입니다. 그러므로 교사는 아동에게 규칙을 지시하여 가르치기 전에 가정에서 규칙을 얼마나 어떻게 배우고 있는지 확인해야 하며, 교실에서 설명하고 시연하는 과정을 꼭 거쳐야 합니다. 가정에서 적절한 규칙을 지도하고 있지 않다면 가정연계자료 중 '신호등 규칙'을 안내하여 가정에서 아동이 지켜야 하는 규칙을 배우도록 안내해야 합니다. 아동에게 지시한 다음 아동이 적절한 행동으로 반응했을 때 긍정적 반응이 필요합니다.

“한 줄로 줄 서세요.”, “줄을 잘 서줘서 고맙다.”

“친구 물건 뺏지 말고 기다리세요.”, “그렇지 잘 기다려줘서 고마워.”

“신발 정리하세요.”, “스스로 신발 정리를 잘 했어.”

규칙을 지키는 과정에서 마음을 읽어줘야 한다면, 규칙에 순응하고 행동을 마친 후에 헤아려주어야 합니다. 규칙을 지키기도

전에 마음을 읽어주는 것은 순종하지 않아도 되는 것이라고 인지하거나 불편한 마음을 참고 조절하는 것에 방해되기 때문입니다. 그러나 자기중심적인 마음을 참고 조절한 것은 칭찬할 만한 일이므로 지시에 순응한 뒤에 마음을 읽어주는 것은 괜찮습니다. 단, 지시를 따랐을 때는 지시를 따르느라 힘들었을 마음을 측은하게 여기거나 가여워하는 것이 아닙니다. 대견한 마음으로 읽어주는 것입니다. 이러한 교사와 부모의 마음읽기 반응은 아동의 자아가 의젓하고 성숙할 수 있도록 도와줍니다.

언제 어떻게 아동을 지도하고, 가르친 후에 마음을 읽어주어야 하는지 헷갈리거나 그 순간 생각나지 않는다면, 아동의 행동이나 상황을 미리 적어보고, 무엇을 어떻게 가르칠지 구체적 교육 방법을 준비하는 것이 좋습니다. 교사의 교실 운영 규칙과 상호작용 방법이 준비되어 있을 때, 아이들의 상황이 혼란스러워도 질서있게 교실을 운영할 수 있습니다.

잘못된 마음읽기	올바른 마음읽기
"아침에 피곤한데 신발 정리하느라 힘들었지."	"힘들어도 잘 참고 신발 정리 잘했어. 대견하다."
"장난감 정리할 게 너무 많았지, 안 도와줘서 섭섭했니?"	"장난감 정리할 게 많은데 모두 정리하느라 애썼다, 대견하다."
"좀 더 놀고 싶었는데 못 놀아서 화가 났지."	"더 못 놀아서 섭섭했을텐데, 규칙을 따라줘서 고맙다."

✿ 위험한 행동 제한

- 위험한 행동에 대한 그림 시각
  자료 준비해서 붙여주기
- 경고에 대한 신호 정하기
- 손으로 X 표시하기
- 단호한 말로 성붙여 이름 부르기
- 짧고 분명한 말투로 경고하기

- 조절한 모습이 대견하다.
- 참으려는 마음이 훌륭하다.
- 선생님을 잘 따라줘서 고맙다.
- 아쉬웠을텐데 잘 참았다.
- 비언어적인 강화 지지, 격려 엄지척,
  포옹, 머리 쓰다듬기
- 칭찬 스티커, 칭찬 배지

✿ 불편한 행동 제한

- 분명한 불편하다는 표정, 말로
  의사 표현 전달하기
- 대신 할 수 있는 부탁, 요청, 제안
  하는 말 가르쳐주기
- 주의력 문제를 갖고 있다면 교실에
  서 할 놀이, 활동을 구체적으로 안
  내해 주기

- 불편한 행동을 멈춰줘서 고맙다는
  표현하기
- 적절한 행동을 하면서 놀 때 "~이렇
  게 놀이하는 거야. 잘하고 있어."
- 활동에 집중하고 있을 때
  "집중해서 잘하고 있구나."

✿ 규칙 지도

- 교실 규칙 일관적으로 지키기
- 상황에 따라 규칙이나 시간을
  조정하지 않기
- 교실에서 정해진 규칙이 가정과 일
  치되도록 가정 연계를 하여 꼭 전
  달하기
- 규칙을 상기시킨 후 활동하기

- 규칙을 안 지켰을 때보다 규칙을
  지켰을 때 더 많은 지지와 격려
  관심을 보여주기
- 가정에서도 규칙을 잘 지키고
  있는 점을 교사가 알아주기
- 등원과 하원 시 규칙에 대해
  상기시켜주고 칭찬해주기

8장

STA 기질, 어려움이 있는 정서행동 지도방법

어려움과 문제
구분하기

아동이 발달하는 과정에서 문제행동을 보일 때, 아동이 완벽하게 자신의 행동과 생각, 감정을 조절하고 통제하기 어렵기 때문에 문제행동을 '실수 행동'이라고 말하거나, '도움이 필요한 행동', '어려움이 있는 행동'이라고 말합니다. 이는 어린 아동은 아직 배워가는 과정이며, 교사와 부모가 아동을 반복적으로 가르쳐주고 격려해 주어야 하는 책임을 나누며 전적으로 아동의 문제로 보지 않기 때문입니다. 그러나 아동이 사회와 교실환경에 적응하는 과정에서 겪는 어려움과 보이는 문제행동은 구별해야 합니다.

예를 들어, 아동이 새로운 기관에 입학하거나 학기를 맞이하면서 교실과 교사가 변할 때, 보통 2개월 정도 적응 기간을 갖습니다. 이 시기에는 일시적으로 불안감을 느끼거나, 등원을 거부하고 힘들어하거나, 친구들과 어울리는 것을 어려워하는 게 자연스러운 반응입니다. 아동이 예민한 기질일 때 이러한 불안과 적응 어려움을 겪는 기간은 6개월까지도 이어지기도 합니다. 그러나 한 학기가 지난 뒤에도 아동이 교실에 적응하지 못하거나 등원을 거부하거나 또래와 어울리지 못한다면 이는 단순히 기질적인 약점이 아닌 발달과정 혹은 적응과정에 문제가 있다고 봅니다. 이처럼 부모와 교사 모두 아동이 어려움이 있는 행동을 보일 때, 어디까지를 지켜보고 어느 수준부터는 전문가의 도움을 청해야 하는지가 늘 조심스러운 부분입니다.

어려움과 문제행동을 구분할 수 있는 몇 가지 기준을 안내하면 다음과 같습니다. 다음 기준에서 3개 이상 체크하게 된다면 전문가의 도움을 요청해야 합니다.

걷기12개월, 말하기18개월, 소변/대변가리기24-36개월가 모두 늦었다. ☐

전반적인 발달 능력 중 2가지 영역이 아동의 실제 연령보다 1년 이상 늦다. ☐

가정에서 부부의 잦은 싸움이 있거나, 불안정한 상황에 자주 노출되고 있다. ☐

가정에서 부모가 아동을 훈육해도 아동이 부모의 지도에 순응하지 않는다. 체벌, 회초리 위협, 협박은 적절한 훈육으로 인정하지 않습니다. ☐

가정에서 아동이 잦은 짜증, 신경질, 화를 내는 행동이 6개월 이상 지속되고 있다. ☐

오전 등원을 거부하거나, 등원시 울음을 보이는 행동이 6개월 이상 지속되고 있다.

교육기관에서 아동이 친구에게 공격적 행동을 보인 지 6개월 이상 지속되고 있다.

교육기관에서 아동의 행동으로 인해 보조교사가 붙어 있어야 할 정도이다.

교육기관에서 연령에 비해 스스로 할 수 있는 자조 행동 능력이 부족하다.

현재 보이는 어려움이 6개월 이상 지속되고 있다.

아동의 어려움을 지원하기 위해서는 가정에서는 부모가 아동의 약점을 파악하고 인정하는 것이 중요합니다. 그리고 부모는 교사와 한 팀이 되어 아동의 약점을 가정과 교육환경 속에서 배우고 돕는 것입니다. 교육기관에서 교사는 아동의 어려움을 관찰하고, 분석하고, 진단하여 교사 나름대로 교육적 개입을 실시한 뒤, 아동의 긍정적인 변화와 한계가 있었던 경험을 기록하고 부모와 상담을 연계해야 합니다. 교육자는 문제만 말하는 사람이 아니라, 아동의 문제를 교육적으로 지도하고 동시에 가정에서 부모의 역할을 지도하고 안내하는 역할을 합니다. 아동에게 어려움이 있을 때, 다각적인 관찰과 분석, 진단이 필요하고, 아동을 교육할 때도 기질요인, 양육요인, 환경요인을 통합적으로 분석하여 교육 전략을 마련해야 합니다.

요인	어려움의 원인
기질 요인	• 아동의 기질강점이 빈약함 • 아동의 기질강점이 제대로 발휘하지 못함 • 아동의 기질약점이 많음 • 아동의 기질약점이 제대로 훈련되지 않음
양육 요인	• 연령에 적합한 놀이, 활동을 해주지 않는 부모 • 부모의 부적절한 훈육_{허용, 강압적, 방임적 부모} • 자주 싸우는 부모 • 아픈 부모 • 미숙한 능력을 지도하지 않는 부모_{과도한 애정 및 사회적응을 지원하지 못하는 부모}
환경 요인	• 이사, 교육기관 변경, 담임선생님 교체 등 • 교실 분위기, 교실 크기, 교구 배치구조 • 교실 내 또래 아동의 공격성, 소외, 잦은 갈등 • 교사와 아동 간 심리적 갈등 또는 지도 어려움

기질요인, 양육요인, 환경요인을 모두 고려하며 아동을 관찰하고, 어느 영역에서 아동의 어려움이 자극되며 발생하고 있는지를 살펴야 합니다. 아동의 어려움이 드러난다면, 기질, 양육, 환경요인을 두루 살피고, 어느 영역에서 교육과 지원을 해야 할지 살펴야 합니다. 다음 내용은 아동의 어려움이 있을 때, 요인별 교육방법과 지원내용입니다.

또래관계
어려움

친구들과 유연하게 어울리지 못하는 아동

(기질요인)

아동이 기질적으로 적응성이 낮은 경우

- 다른 친구들의 놀이에 관심이 적습니다.
- 다른 친구들의 놀이에 적응해서 같이 놀려는 관계지향적 경향이 낮습니다.

  ‣ 가정에서 부모가 아동에게 거의 맞춰서 놀아주기보다는 서로 하고 싶은 놀이를 번갈아 하면서 다른 사람의 놀이에도 적응하고 즐겨보는 연습이 필요합니다.

▸ 가정과 교육기관에서 규칙이 있는 집단 놀이_{레크레이션 놀이, 전통놀이, 체}
_{육놀이 등}에 어울려 같이 어울려 놀이해 보는 기회를 늘려야 합니다.

▸ 교실에서는 대집단 놀이보다는 일대일 놀이로 시작해서 소집단 놀이
이후, 대집단 놀이로 단계적으로 놀이집단을 키워나가는 교육적 개입
이 필요합니다.

아동이 기질적으로 접근성이 낮은 경우

• 친구에게 먼저 말을 걸고, 놀자고 말하기가 어렵습니다.

• 친구에게 새로운 놀이를 제안할 만한 아이디어가 적습니다.

▸ 가정에서는 부모에게 먼저 놀이를 부탁하거나 요청하는 훈련이 필요
합니다.

▸ 교실에서는 친구들과 처음부터 놀이를 같이 시작하고 마치도록 집단
놀이를 구성해 주는 것이 도움이 됩니다.

아동이 기질적으로 민감성이 높은 경우

• 친구들 행동에 과민하고 예민하여 불편감을 쉽게 느낍니다.

• 자신이 느끼는 긴장감, 민망함, 낯설음, 당황함 등의 감정에
쉽게 불안해집니다.

- 가정에서는 타인에 대한 부정적 인상을 주지 않도록 타인과 주변 환경을 긍정적으로 느끼고 적응할 수 있게 부모부터 다른 사람들과 유연하게 지내고, 주변 환경에 대한 불평을 줄어야 합니다.

- 교실에서는 민감하게 느끼는 것들을 소거해야 할 것과 점차적으로 익숙하게 하며 체계적으로 둔감하도록 지도할 것으로 구별하여 가르쳐야 합니다.

부모가 아동에게 모두 맞춰주면서 놀이했거나 같이 놀이를 하지 않는 경우

아동은 다른 사람과 의견과 감정 신호를 조율하면서 놀이하는 방법을 모릅니다. 아동은 혼자 놀이하거나 부모는 옆에서 거들기만 하는 놀이를 한 아이들은 같이 만들고, 같이 참여하고, 같이 의논하면서 놀이하는 방법을 몰라 소극적일 수 있습니다.

- 가정에서는 놀이 주제, 역할을 정하여 번갈아 가면서 놀이하거나, 놀이 주제를 정하되 부모와 아동이 서로 의견을 내며 함께 만들어 나가는 놀이 경험이 필요합니다.

▸ 교실에서는 아동이 조율적 의사소통이 어려우므로 대사가 정해진 극
놀이, 역할이 분명한 게임 방법을 통해 놀이를 시작해 보는 것이 좋습
니다.

또래와 만날 수 있는 기회를 거의 주지 않아서 경험이 부족한 경우

어린이집, 유치원, 학교 내 친구들과의 개별적 관계 경험은 중요
합니다. 교육기관에서 함께하는 시간이 아닌 방과 후 사적인 또래
만남이 필요합니다.

▸ 가정에서는 교육기관 친구와 친밀한 관계를 맺을 수 있도록 방과 후,
또는 주말 약속을 잡아 개인적으로 만남을 갖고 시간을 조금씩 늘려
나갑니다.
▸ 교실에서는 부모에게 교육기관 등원을 일찍 하도록 안내하여, 친구들
이 적을 때 또래관계를 맺을 수 있도록 도와줍니다.

교실 속 한 아동이 주도권을 일방적으로 잡고 있는 경우

교실에서 한 명의 아동이 의견이 강하거나, 자기주장을 굽히지

못하거나, 교묘하게 자기중심적으로 놀이를 이끌고 있다면, 추종하거나 협력하던 아이들이 주도권을 갖기 어렵습니다.

- ‣ 가정에서는 부모가 아동이 주도하고 싶어 하는 놀이 능력과 놀이를 설명하는 표현 능력이 숙달되도록 지지해 주며 놀이 자신감을 높여 주어야 합니다.
- ‣ 교실에서는 아이들의 주도권이 골고루 분포될 수 있도록 신경써야 합니다.

교실 속 분위기가 경직되고 편안하지 않은 경우

교실 분위기가 경직되어서 자유롭게 적당히 장난치고, 깔깔 웃을 수 있는 편안하고 만만하지 않다면, 분위기에 영향을 많이 받는 아이들은 자연스럽게 자신의 유연한 모습을 드러내기 어렵습니다. 교사는 어른다운 모습과 교육자다운 권위 있는 모습도 필요하지만 동시에 아이들과 같이 놀면서 재밌는 파트너가 되어주고, 같이 웃고 유쾌하게 활동할 수 있는 놀이성향도 필요합니다.

- ‣ 교실에 자유롭게 놀이할 기회는 적고 규칙이 너무 많지 않은지 살펴야 합니다.
- ‣ 교실의 놀이운영을 할 때 너무 규칙과 방법이 정해진 놀이만 있는 것

은 아닌지 살펴야 합니다. 때때로 아이들의 자유로운 놀이는 엉뚱한 놀이가 되기도 하고, 의미보다는 단지 재밌는 놀이가 되기도 합니다.

▸ 교사의 태도가 너무 딱딱하고 재미가 없어서 아이들의 쾌활한 놀이성을 자극하지 못하는 것은 아닌지 살펴야 합니다.

다른 또래와 반복적으로 충돌하는 아동

기질요인

아동이 기질적으로 지속성이 높은 경우

- 자신의 생각, 놀이, 방법을 친구와 타협하기 어려워합니다.
- 하고 싶은 마음을 조절하지 못하고 계속 주장합니다.

▸ 가정에서는 부모의 지시에 따르는 놀이, 아동이 선택한 놀이를 나누어 놀이하며 자기식대로 놀이만 하지 않도록 합니다.

▸ 교실에서는 놀이하기 전에 친구와 가위바위보를 하여 놀이를 번갈아 하기로 약속하여 하고 싶은 것을 독점하거나 고집이 통하지 않도록 합니다.

아동이 기질적으로 집중성은 낮고, 접근성이 높은 경우

- 친구와 주변 상황에 자주 간섭합니다.
- 뭐든 호기심이 생기면 요청하지 않고 충동적으로 행동합니다.

  ‣ 가정에서는 혼자 놀이할 때와 부모와 함께 놀이할 때를 구별하여 놀

    이하면서 간섭하는 행동을 조절하도록 합니다.

  ‣ 교실에서는 놀이시간표를 정해서 정해진 놀이 시간만큼 정해진 영역

    에서 놀이하는 훈련을 시도해봅니다.

가정에서 아동이 뭐든 주도권을 갖고 있는 경우

아동의 욕구가 가정에서 항상 우선이었던 아동이라면 자신이 우선적으로 얻지 못하는 상황을 기다리지 못하거나 친구를 방해요인으로 봅니다. 가정에서 불편한 것을 참아보았던 경험이 적었던 아동은 교실 속 불편함을 참지 못하고 늘 갈등하고 싸우게 됩니다.

  ‣ 가정에서는 의도적으로 부모의 지시와 순서를 기다리는 훈련, 불편해

    도 참고 잠시 기다려보는 훈련을 시작합니다.

‣ 교실에서는 아동이 친구들과 반복적으로 부딪칠 때 먼저 아동의 호소를 들어주기 보다는 친구에게 부탁해 보는 의사소통 연습을 합니다.

가정에서 부모를 귀찮게 하거나
괴롭히는 방식으로 관심을 유도한 경우

가정에서 부모의 등을 올라타고 갑자기 달려가서 안기고, 몸싸움 장난을 걸듯 때리거나 건들고 도망하는 놀이를 상호작용을 했던 아이들은 배운 대로 똑같이 교실에서도 갑자기 친구의 몸과 장난감을 건들고 불편해하는 행동으로 자극합니다. 가정에서 하고 싶은 말을 할 때 말이 아닌 행동으로 했다면, 교실에서도 자신의 마음을 말이 아닌 부적절한 행동으로 할 수 있습니다.

‣ 가정에서는 장난 행동, 몸으로 엉켜서 놀이하는 것을 줄여야 합니다.
‣ 교실에서는 다양한 요청하기 말을 알려주고, 요청 카드를 만들어주어도 좋습니다.

아이들의 명수는 많은데 교실이 좁은 경우

교실에서 활동 범위가 좁아지면 서로 자신의 영역이 침범당했다고 부딪치는 일이 잦아질 수 있습니다.

- 교실에서는 아이들의 놀이 서랍장을 통해 정적인 놀이를 할 때는 놀이영역을 구별해주고, 대집단 놀이 혹은 활동적인 놀이를 할 경우 놀이 구역을 크게 나누어 서로가 방해되지 않도록 합니다.
- 교실과 거실이나 복도, 실내 놀이터와 실외 놀이터에서 할 수 있는 놀이를 구분하여 지도합니다.

서로 기질이 너무 다른 아이들이 있는 경우

어떤 아동은 매우 정적이고, 규칙을 준수하며 놀이하고 싶은데, 어떤 아동은 매우 쾌활하여 목소리도 크고 행동반경도 크고 자유롭게 상상하고 웃긴 행동을 하면서 놀이하고 싶다면 서로 조율하는 것이 쉽지 않을 것입니다. 교실은 하나의 공동체이므로 한 교실에서 서로를 떨어뜨려 놓거나 분리하는 것은 올바른 교육이 아니며, 부모가 그렇게 요구하더라도 아이들을 분리해서 놀도록 하는 것인 공동체와 사회성을 저해하는 지도 방법입니다. 교육은 잠시 아이를 맡아서 봐주는 돌봄이 아니며 아동이 올바른 생각,

감정, 적응발달을 하도록 가르치는 것이라는 것을 부모에게도 설명해야 합니다.

- 성향적 결이 맞는 친구들과 소그룹으로 놀이할 수 있는 기회를 줍니다.
- 친구의 행동과 의도를 긍정적으로 볼 수 있도록 말해주고, 아동이 느끼는 친구 때문에 생기는 불편함에 중점을 두어 반응하기보다는 자신이 원하는 것을 좀 더 편하고 표현하고 친구들을 불편하지 않게 할 수 있는 자기조절 방법으로 지도하는 것이 좋습니다.
- 간단한 5분 정도의 대집단 놀이를 통해 불편한 친구이지만, 같이 놀이할 수 있는 경험적 기억을 만들어주는 것이 필요합니다.

행동조절
어려움

기질요인

아동이 기질적으로 규칙성이 낮은 경우

- 교실의 공동 규칙을 자주 어겨서 친구들을 불편하게 합니다.

- 같이 하는 공동 놀이 상황에서 규칙을 지키지 않아서 놀이를 재미없게 합니다.

  ‣ 가정에서는 부모와 자녀 혹은 형제간 물건의 소유를 정확하게 나누어 인지하고 행동하는 훈련과 정해진 규칙대로 놀이_{게임, 활동, 장난감 놀이 등}를 합니다.

‣ 교실에서는 아동에게 역동적인 놀이와 자유로운 놀이 기회는 이후에 제공하고, 먼저 규칙이 1-2가지 분명하게 있는 간단한 놀이를 통해 규칙을 지키면서 또래와 놀이하는 연습부터 시작합니다.

아동이 기질적으로 집중성은 낮고, 활동성이 높은 경우

- 친구들의 말과 행동, 교사의 말과 행동을 주의 깊게 보고 듣지 않습니다.
- 의도가 나쁘지 않았더라도 충동적으로 행동하여 친구들을 불편하게 합니다.

‣ 가정에서는 부모의 말을 듣고 대답하는 훈련, 부모가 아동에게 이야기할 때 눈을 맞추고 집중하는 연습을 합니다.

‣ 교실에서는 놀이할 때 자리^{의자}를 정하고 놀이하도록 하고, 의자에서 이탈하는 경우는 놀이를 마치도록 합니다.

가정에서 정해진 규칙을 일관적으로 배우지 않은 경우

가정에서 일관적인 규칙을 정해서 매일 똑같이 규칙을 당연히 지켜야 함을 배우지 못한 경우, 교실에서 조금만 하기 싫어도 규칙을 지키지 않으려고 합니다. 가정에서 규칙을 가르치는 부모의 지시, 명령을 무시하고 하지 않아도 결국 훈계가 없었거나 어쩔 수 없어서 아이가 해야 할 것도 대신 해줬다면, 규칙을 결국 안해도 되는 것으로 학습한 상태입니다.

> 가정에서 부모가 신호등 규칙을 정해 교실과 동일한 규칙을 설명하고, 지키도록 부모를 상담하고 지도해주어야 합니다.

> 교실에서도 신호등 규칙을 만들어 아동이 부탁하거나 요청했을 때, 조율가능한 규칙이 아닌 빨간색 신호등 규칙은 꼭 지켜야 하고, 순응해야 함을 지도합니다.

가정에서 너무 무섭게 규칙을 배운 경우

가정에서 부모가 매우 무섭게 통제하거나 소리를 질러서 규칙을 가르친 경우라면, 교실에서 부드럽게 말하는 교사의 지시와 지도는 잘 따르지 않습니다. 왜냐하면 가정에서 강한 자극 훈계, 명령이 있을 때 반응하는 것이 학습되었기 때문입니다.

> 가정에서 부모는 규칙을 지도할 때 좀 더 낮은 목소리로 말하고, 지시하기 전에 한두 번 설명해 주며 규칙에 대한 강압적 태도를 줄입니다.

‣ 교실에서 교사는 규칙을 지도할 때 평상시보다 좀 더 단호한 태도와 음성으로 규칙을 말하여 이전보다는 말투와 태도로 분명한 메시지를 전달합니다.

교실 규칙이 비일관적인 경우

교실에서 교사의 규칙은 일관적이어야 합니다. 그러나 담임교사와 보조교사가 같이 있거나 여러 반이 한 교실을 사용하는 통합반으로 교실이 운영될 때, 교사 간 규칙을 다르게 지도하면, 교실은 정돈되지 않을 수 있습니다. 교사가 아동들의 요구를 과도하게 수용해 주려고 하다 보면 전체적인 규칙과 질서가 타협되면서 흔들립니다. 그렇게 되면 결국 교실은 어수선해지면서 일관적으로 규칙을 지키기가 어려운 아동의 행동이 걷잡지 못할 수 있습니다.

‣ 교실 내 교사들이 여러 명이라면 회의를 통해 교실 규칙과 시간 운영 등의 세부적 부분들을 일치시켜야 합니다.

‣ 아이들의 요구를 모두 수용해 주려고 하기보다는 우선 아동의 요구를

듣되, 내일 적용하더라도 미리 생각한 것이 아니라면 다른 날 준비한 다음 허락하는 것이 좋습니다.

집단 지도보다 개별적 지도에 신경을 많이 쓰는 경우

교사가 일대일 상호작용을 잘할 수 있지만, 교사가 여러 명이 있는 교실에서 다수를 일대일로 모두 상호작용을 하며 하루 종일 활동하는 것은 어렵습니다. 교육기관은 집단이자 공동체이기 때문에 같이 하는 활동, 대집단으로 진행되는 놀이가 있는 것이 꼭 필요합니다. 교사가 일대일 상호작용에 신경 쓰다 보면 아이들 모두 선생님과 일대일 관계를 맺으려고 하면서 아이들끼리 무리 지어 놀이하지 않고 아이들의 놀이가 제각각으로 산만해질 수 있습니다.

- ‣ 정해진 규칙 안에서 같이 놀이하는 활동 기회를 자주 가져 봅니다.
- ‣ 규칙을 지키기 어려운 아동에게 친구들과 같이하는 즐거운 놀이는 5분 정도로 짧은 시간으로 시작하여 규칙을 잘 지킬 때 점차 늘려 나가는 것이 좋습니다.

말을 듣지 않는 아동을 마냥 지켜보기만 하는 경우

아동이 거의 통제가 안되어 포기 상태이거나, 아동을 제한하고 가르치기에는 언어발달이 늦거나 거의 소통이 되지 않는다면, 정말 교실 속에 질서가 잘 잡히지 않을 수 있습니다. 이때 아동을 통제하려고 하기보다는 아동이 할 수 있는 수준의 활동과 장난감을 제공하여 아동이 놀이할 수 있도록 하는 방법이 적절합니다.

> ‣ 부적절한 행동을 못 하게 하는 통제보다는 할 수 있는 능력의 장난감과 교구를 주고 활동을 지도하며, 그 활동을 하면서 전체 질서 속에서 생활하도록 도와주어야 합니다.

하지 말라고 하면 더 하는 아동

아동이 기질적으로 집중성이 낮은 경우

- 교사의 설명하는 말을 귀담아듣지 않고, 규칙을 잘 잊어버립니다.
- 주의를 기울여 생각하고 행동하기보다는 잔소리를 듣기 싫어합니다.

‣ 가정에서는 여러 번 하지 말라고 말하기보다는 항상 일관적으로 3번
만 설명하고 제한하는 말을 해서 아동이 세 번 안에 규칙 지키는 것을
훈련합니다.

‣ 교실에서는 규칙을 잘 지킬 때 오히려 규칙을 잘 지키는 모습을 강화
합니다. 또한 하지 말라고 제한하는 말보다는 대신 원하는 것을 표현
하는 방법을 가르쳐 줍니다.

아동이 기질적으로 민감성이 낮고 표현성이 높은 경우

• 엄숙하거나 진지하게 말할 때 오히려 불편해서 상황을 바꾸려
고 장난을 칩니다.

• 교사의 경고하는 태도를 기민하게 알아차리지 못하고 눈치 없
이 또 행동을 합니다.

‣ 가정에서는 화를 내기보다는 어떤 행동을 하지 말라고 당부하거나,
진지하게 설명 할 때 두 손을 잡고 대화하기 또는 같은 자리에서 훈육
하는 상황을 연습합니다.

‣ 교실에서는 "안 돼, 하지 마"라는 말보다는 "우리 ~ 하자."라고 말하며
잘못된 행동을 반복하는 상황에서 전환되도록 도와주고, 행동을 멈
춘 것을 칭찬합니다.

가정에서 몸을 제압하거나 강한 통제를 했지만 실패한 경우

가정에서 아동의 잘못된 행동이나 무례한 행동을 고치려고 아동의 몸을 꽉 잡거나 부모가 힘으로 통제하려다가 실패한 경우, 아동은 권위 있는 어른의 지시와 지도에 대한 반항적인 심리적 상태를 갖습니다. 체벌이 있었던 경우라면 더욱 권위 대상에 대한 지적, 통제, 훈육을 싫어하고 저항할 수 있습니다. 가정에서 아동의 몸을 잡는 훈육을 적절한 방식으로 하지 않고, 아동의 기를 누르거나 고집을 꺾으려는 힘겨루기로 진행한 경우, 아동은 성인이 힘을 행사하는 상황에서 반감을 갖게 됩니다.

- ‣ 가정에서는 부모가 힘으로 제압해서 아동을 이기려는 훈육을 멈추고, 가정 규칙을 정하고 같이 행동하며 같이 규칙을 지켜보는 연습을 해봅니다.
- ‣ 교실에서는 교사가 의도적으로 엄격하고 단호하게 말하지 않고, 아동과 눈높이를 맞추고 "해줄 수 있겠니?"라고 부탁하는 말을 전합니다.

가정에서 부모의 지시를 따르지 않는 행동을 귀엽게만 지켜본 경우

가정에서 부모 혹은 조부모, 보조 양육자가 어른의 말을 듣지 않는 행동을 귀엽게 보고 넘어가거나, 어릴 때 너무 주눅 들게 하면 안 된다고 허용한 경우, 아동은 자신의 행동을 타인이 용납하고 귀여워할 것으로 생각합니다.

- 가정에서는 주양육자가 아동에게 어떤 행동을 기대하고 가르쳐야 하는지 기준을 정해봅니다. 또한 마냥 허용적인 양육상황에 덜 노출되도록 합니다.
- 교실에서는 불필요한 애교 행동과 말을 일부러 안 듣고 돌아다니거나 자극하려는 행동을 할 때 무시하고, 의젓한 모습을 보일 때 관심을 줍니다.

지도를 따르지 않을 때 동조하는 친구들이 있는 경우

교실에서 교사의 지도를 따르지 않고 장난치고 까불 때 친구들이 웃거나 동조하는 친구들이 있다면 아이들은 또래의 관심을 얻으며 불순응행동이 강화됩니다.

- 교실에서 한 명의 아동에게 엄격하게 하기보다는 동조하는 아이들이 건강한 방식으로 힘을 합쳐서 놀이하고, 활동하여 성취할 기회를 주어, 집단 역동을 바람직한 방식으로 바꿉니다. 같이 화단 가꾸기, 같이 공원 쓰레기 줍기, 팀놀이하기

지도를 따르지 않아도 예뻐해주는 교사가 있는 경우

담임선생님의 지도를 따르지 않아도 애정표현이 많고, 예뻐해주고, 오히려 관심과 개별적인 시간을 가져주는 선생님이 있다면, 아동은 담임선생님과의 관계는 등한시하고 관계가 좋은 선생님에게 의존할 수 있습니다. 그러므로 교육환경에서 아동의 행동을 지도할 때 교사들 역시 한 팀으로 같이 지도하는 것이 중요합니다.

> ‣ 아동의 긍정행동에 관심을 준다면 다 같이 아동을 칭찬하고, 아동의 꾀부림과 하지 말라고 해도 더 어긋나는 행동을 무시하기로 했다면 주변 선생님들도 다같이 무시하고 바람직한 행동을 보일 때 다시 관심을 주는 환경이 필요합니다.

감정조절
어려움

화를 많이 내는 아동

아동이 기질적으로 분출성이 높은 경우

- 분출성이란 부정적 감정을 분출하는 경향으로 분출성이 높은 아동은 감정을 참기보다는 외현적인 행동으로 분출합니다.
- 신체활동성이 높은 아동이라면 부정적 감정을 분출하려고 할 때 물건을 던지거나 물거나 발을 쾅쾅거리거나 때리는 등의 신체 행동으로 나타나는 경우가 많습니다.

  ‣ 가정에서는 아동이 일상에서 감정 단어 카드를 사용하거나, 감정 스

티커를 사용하여 자신의 감정을 감정 단어로 표현하는 것에 익숙해지도록 합니다. 또한 갑자기 화를 내려고 할 때, 행동 하나를 정해 그 행동을 멈추거나, 행동의 강도와 빈도를 낮추는 목표를 세워갑니다.

▸ 교실에서도 가정과 같은 방법으로 지도하며, 가정과 연계하여 구체적인 목표 행동 단계를 수립합니다.

예: 감정 분출행동 중 물건 던지기, 때리기, 소리지르기를 보인다면, 그중 때리기 행동을 소거 목표행동으로 정하고, 화가 나도 때리는 것은 참도록 지도합니다. 아동이 때리는 행동을 참았을 때 칭찬하지만 물건을 던지거나 소리지르는 행동은 여전히 남아 있으므로 과도한 애정 표현을 하기보다는 노력한 행동_{때리지 않기}에 대해서만 구체적으로 칭찬하는 말을 해주는 것이 좋습니다. 이후 점차 물건을 던지는 빈도를 줄이거나, 소리를 지르는 강도를 줄이는 목표행동을 늘려 나갑니다.

아동이 기질적으로 표현성이 높은 경우

- 강한 분노를 보인다기보다는 잦은 신경질, 순간적인 짜증과 화를 냅니다.
- 표현성이 높은 경우, 기분을 표현하는 각성 수준이 높은 경우라서 기분이 좋을 때도 뛰고 크게 웃고 애정표현도 적극적입니다. 똑같이 부정적 기분도 각성이 높아서 순간적인 감정표현

의 강도가 세거나 쉽게 신경질적 태도를 보입니다. 그러나 금방 화가 진정되고 기분이 전환되기도 합니다.

‣ 가정에서는 기분이 좋을 때도 나쁠 때도 각성을 조절하여 표현하도록 부모님 역시 각성이 높다면 말과 반응의 강도를 줄이고, 아동도 적절한 강도로 기분을 표현해보는 연습을 해봅니다.

‣ 교실에서는 순간적으로 신경질과 화가 날 때 숨을 내쉬고 진정하도록 연습해주고 대신 할 수 있는 언어표현왜 잘 안되지! /빨리 안되니 답답하다!을 알려줍니다.

가정에서 부모가 분출성과 표현성각성이 높은 경우

부모님의 분출성과 표현성이 높아서 가정에서 부모가 폭발하듯 화를 자주 내거나, 순간적인 짜증, 신경질 등의 표현성 각성이 높다면, 자연스럽게 모방이 됩니다. 부정적인 것이지만 화를 내는 감정이 힘을 얻는다는 것을 아동이 배우는 경우에 아동 역시 강한 감정표현으로 자신이 원하는 것을 얻는 학습을 합니다.

‣ 가정에서는 부모가 강한 화가 날 때, 끝까지 참다가 화를 폭발하기보

다는 미리 화를 식히고 진정하는 훈련을 합니다.

‣ 교실에서는 아동이 화를 내지 않고도 힘을 얻을 수 있고, 지휘권을 얻

을 수 있는 주도적인 놀이경험을 안내합니다.

가정에서 부모가 강한 화에 훈육을 포기한 경우

가정에서 아동이 너무 과하게 화를 내서 결국 서로 큰 갈등을 막기 위해 훈육을 포기한 경우, 아동은 강한 화를 통해 원하는 것을 얻은 경험을 얻은 것입니다.

‣ 가정에서 1-2가지 규칙을 정해, 아무리 아동이 화를 내도 끝까지 안

되는 것이 있다는 사실을 배우도록 인내심을 가지고 가르칩니다.

‣ 교실에서는 화를 내기보다는 친절하게 부탁을 한 경우, 좀 더 아동의

욕구가 잘 해결될 수 있도록 또래 간 중재를 도와줍니다.

화를 내는 것으로 또래 서열을 쟁취한 경우

또래 관계에서 화를 냈을 때 친구들이 양보해 주거나 화를 내는 아동을 피해주면서 아동이 원하는 것을 쉽게 얻을 수 있는 힘과

서열을 얻고 있다면, 화를 내는 것은 원하는 것을 얻는 기능을 가지고 있습니다.

- 가정에서는 부모가 방과 후 아이들끼리 놀이할 때, 친구들에게 화를 내기보다는 배려하고 양보하는 것으로 친구들의 인정을 받을 수 있다는 것을 가르치며 배려 경험을 늘려주어야 합니다.
- 교실에서는 아동이 배려하고 양보하고 불편한 감정을 조절하고 요청하는 노력을 인정해 주는 상장, 배지를 만들어주면서 친사회적 행동을 강화합니다.

화를 내도 계속 불편한 행동을 반복하는 친구가 있는 경우

아동이 화를 내서 자신의 것을 소유하거나, 방어하려고 하거나, 불편한 친구의 행동을 막으려고 하는 것인데, 아무리 화를 내도 친구가 멈춰주지 않는다면 화를 내는 행동이 친구들 관계에서 습관이 될 수 있습니다.

- 아동이 친구에게 화를 내기보다는 교사가 좀 더 분명한 규칙과 교실에서 만든 공동의 약속을 기준으로 꾸중과 벌_{사과하기, 놀이 멈추기, 타임아웃}을 받도록 하여, 아동이 화를 내어 상황을 해결하는 필요성을 낮추도록 합니다.

- 친구로 인한 불편감을 혼자가 아닌 선생님에게 말하고 도움을 청하도록 지도합니다.

자주 울고, 쉽게 울음을 그치지 못하는 아동

아동이 기질적으로 지속성이 높은 경우

감정에 대한 지속성이 높은 경우, 부정적 감정에 압도되면 감정 상태가 오래 지속되는 경향성이 있습니다. 감정에 몰두되기도 하고, 감정이 계속 생각나기도 합니다. 그래서 아동의 경우, 어떤 감정으로 인해 울음이 시작되면 오래 울기도 합니다.

- 가정에서 부모는 감정을 전환하려고 주의를 이동시키기보다는 오히려 어떤 감정 때문에 우는지 듣고 불편했거나 속상한 이유를 인식하도록 도와주어야 합니다.
- 그러나 울음이 막연한 떼쓰기 형태로 시간이 너무 길어진다면, 울음을 스스로 멈추도록 시간을 정하고, 스스로 감정을 추스르도록 시간을 주면 좋습니다.

‣ 교실에서는 울음이 강하고 길게 될 때 한없이 기다리는 것은 또래의 놀이와 교육활동이 방해되어서 어렵습니다. 그러므로 아동이 어리다면 아동을 안고 잠시 거실로 나오거나 창문을 열어 장소와 시야를 환기해 주는 것이 필요합니다. 그 이후에 아동이 속상하거나 슬픈 이유를 질문하기보다는 진정되도록 기다리고, 감정이 추스러지고 활동이나 놀이가 마무리되었을 때, 감정을 물어보는 것이 좋습니다.

아동이 기질적으로 민감성이 높은 경우

자신이 느끼는 감정에 예민한 경우, 감정변화에 따른 반응이 잦은 울음과 감정을 알아주기를 원하는 긴 울음으로 나타날 수 있습니다.

‣ 가정에서는 울음을 무시하거나 무심하게 기다리는 것보다는 좋지 않은 감정을 느끼고 있음을 알아차려 주고, 반응해 주는 것이 필요합니다. 단, 언어로 표현할 수 있는 아동이라면 울음의 시작은 알아차려 주고 반응하나, 진정되면 감정을 말해달라고 요청하고 양육자의 일상 행동을 하고 있으면 됩니다. 이는 무시하는 것은 아니며 울음에 반응했으나 감정을 표현하는 것이 아동의 몫이라는 것을 전달하는 것입니다.

‣ 교실에서는 아동이 무엇 때문에 감정 변화가 자극되었는지 관찰되었

다면, 알아차려주고 도움을 줄 수 있는 대안을 마련해주는 것이 좋습니다. 아동의 울음은 의사소통방법이기도 하지만, 도움을 청하는 방법이기도 하기 때문입니다. 그러나 교사의 2-3가지의 대안 중 아동이 어떤 도움을 줄지 결정하며 울음이 아닌 언어적 소통을 할 수 있도록 이끌어주어야 합니다.

가정에서 울면 부모가 감정을 모두 해석해 주는 경우

부모가 아동이 울면 아동의 감정을 아동 스스로 말하도록 지도하기 보다는 알아서 모두 해석해 주고 알아차려 주고 대신 말해주었다면, 아동은 우는 것이 아닌 직접적 감정표현을 어떻게 해야 하는지 잘 모를 수 있습니다.

- 가정에서는 울 때 감정을 대신 해석하고 맞춰주는 것이 아니라, 아동이 직접 자신의 감정을 표현하도록 인내심을 가지고 기다려주는 것도 필요합니다.
- 교실에서는 자신의 감정을 언어로 표현하기에 미숙하다면 감정 카드와 감정 스티커를 이용하여 자신의 마음을 먼저 표현해 볼 수 있습니다.

가정에서 부모가 감정 반영과 정돈을 해주지 못한 경우

울음이 시작되었으나 어떻게 멈춰야 할지 어떻게 감정을 정돈해야 할지 모를 때, 막연히 계속 우는 아동도 있습니다. 즉, 누군가 달래주고 도와주었을 때 감정을 멈췄고, 스스로 감정을 진정해본 경험이 없거나 적을 수 있습니다.

- ‣ 가정에서는 시간이 오래 걸려도 스스로 멈추고 일상 행동으로 돌아오도록 기다려보는 것이 좋습니다. 시간적 여유가 있는 주말에 시작하는 것이 좋습니다.
- ‣ 교실에서는 아동이 자신의 감정을 스스로 느끼고 인식하도록 감정 반영은 하지만 빨리 달래려고 하기보다는 휴식 영역에 쉬면서 감정을 진정해 보면 좋습니다.

환경요인

울어야 반응해 주는 경우

교실 환경에서 울어야 빨리 반응해 준다면, 언어소통보다는 울음이 교사의 반응을 빨리 유도할 수 있어서 울음이 강화될 수 있습니다.

- ‣ 교실에서 아동이 울 때보다 의사 표현으로 전달할 때 더 빨리 반응해줘야 합니다.

사회불안
어려움

기질요인

아동이 기질적으로 집중성과 적응성이 낮은 경우

외부 환경이나 상황에 빨리 적응하는 것이 어려운데, 주변 상황을 주의깊게 보고 관찰하지 않는 경우, 아동의 불안도는 높아집니다. 아동의 불안은 상황이나 환경을 분명하게 관찰하지 않아 두려움이 증폭되기 때문입니다.

▸ 가정에서는 아동과 외부 활동을 할 때, 아동이 직접 환경을 보고 인식하고, 상황을 보고 듣고 판단하는 과정에 주의를 기울이도록 합니다.

‣ 이전에 부모가 갔었던 장소라면 먼저 앞장서서 장소를 찾아가 보도록
기회를 주어도 좋고, 점점 부모와 분리되어 활동할 수 있는 기회를 제
공해 주는 것도 좋습니다.

‣ 교실에서 스스로 할 수 있는 것들이 많아질수록 환경이 두렵지 않고,
혼자서 해결하는 시간과 공간이 두려워지지 않습니다. 이를 위해서
교실에서 스스로 놀이할 수 있는 장난감과 놀이도 있어야 하고, 자조
기술을 익히도록 도와주어야 합니다. 또한 독립적으로 행동하는 것
들에 대한 긍정적인 관심과 지지가 중요합니다.

부모의 높은 불안이 아동에게 전염되는 경우

불안은 유전적으로 부모가 불안도가 높을 때 아동도 불안을 쉽
게 느끼게 됩니다. 부모가 높은 불안을 느끼고 있는 경우, 아동
에게 고스란히 불안은 전염됩니다. 안전에 대한 불안이 높은 경
우, 안전하지 않는 것을 모두 통제하거나 미리 놀라고 서둘러 하
지 못하게 아동의 행동을 막기도 합니다. 관계에 대한 불안이 높
은 경우, 혹시 우리 아이를 누가 공격하지는 않았는지, 섭섭하게
하지는 않았는지 타인에 대한 불신과 의심을 하며 방어적인 태도

를 보입니다. 나쁜 일이 생길까 봐 걱정하는 미래에 대한 막연한 불안이 높은 경우, 아동을 항상 감독할 수 있는 곁에 두려고 하면서 아동이 스스로 무엇인가를 할 수 있는 자아를 경험하고 성취하지 못하도록 방해합니다.

- 가정에서는 부모의 불안이 높다면, 부모의 불안이 자녀에게 전이되지 않도록 개별적인 상담을 하거나, 적당한 개인적 일과 성취를 하면서 자녀양육에 몰두되지 않도록 안내해야 합니다.
- 교실에서는 아동이 잘하지 못할 것이라고 생각하고 느낀 것을 피하도록 하기보다는 천천히 약간의 도전을 선생님과 같이 하면서 작은 성공경험을 쌓도록 도와주어야 합니다. 초기에는 도전 과정에 성공과 성취가 있도록 도전에 대한 비계설정을 촘촘하게 해주어야 합니다.

엄마라는 안식처를 찾도록 유도하는 경우

부모가 아동에게 분리되고 재회했을 때, 많이 보고 싶었다고 말하거나 엄마/아빠가 보고 싶었는지 확인하는 경우, 부모가 아동을 분리하고 독립시킬 준비가 되지 않은 것일 수 있습니다. 부모의 태도로 인해 아동 역시 자신이 아직 분리될 수 없는 존재라고 여기며 더욱 분리되거나 사회적 상황으로 스스로 놀이하는 것에 자신감이 낮아질 수 있습니다.

> ‣ 가정에서는 보고 싶었다는 말보다는 만나서 기쁘다는 반응을 해주어

야 합니다.

진짜 어려움을 찾지 못하고
엄마를 찾는 것이 진짜 이유라고 생각하는 경우

아동이 엄마를 찾을 때 생각보다 엄마가 보고 싶은 것이 아니라 무슨 놀이를 해야 할지 모르거나, 불편한 감정을 어떻게 해결해야 할지 몰라 의존대상인 엄마를 찾는 것일 때가 많습니다. 그런데 이를 모르고 아동이 엄마를 찾는 말을 듣고 늘 엄마에게 전화해 보자고 하거나, 엄마의 사진만 본다면 실제로 힘든 문제해결은 못한 채 도피처인 엄마만 찾게 될 수 있습니다.

> ‣ 어떤 상황이나 순간에 엄마를 찾는지 관찰하고, 진짜 도움을 청하고 싶은 것이 무엇인지 확인하여 선생님이 안내자로서 도와주어야 합니다.
>
> ‣ 실제로 스스로 할 수 있는 놀이가 적고, 자조 능력이 너무 부족하다면, 선생님이 지도하지만 가정에서도 부지런히 연습하도록 도움을 청하

고, 불안의 원인이 사회 생활 가운데 혼자 할 수 있다는 자기효능감이 낮은 것 때문임을 알려야 합니다.

- 컨디션이 안 좋을 때 수면 어려움, 감기기운, 피로감 등

- 한 가지 놀이를 마치고 그다음 무엇을 놀이해야 할지 모를 때

- 불편한 상황에서 불편함을 교사에게 의존하거나 호소하지 못할 때

- 불편한 상황이나 감정을 문제해결을 하기보다는 회피하려고 할 때

- 속상하거나 힘든 마음을 아직 선생님과 또래에게 말하는 것이 어려울 때

교실에서 거의 말하지 않는 아동

아동이 기질적으로 접근성과 표현성이 낮은 경우

- 아동이 기질적으로 접근성과 표현성이 낮은 경우 또래에게 먼저 말을 걸고, 친구의 말에 즉각 반응하는 것이 어려울 수 있습니다.

- 아동이 자연스럽게 대화하는 것을 못하는 것은 아니지만, 대집단 활동에서 자신의 주말 이야기를 시간에 순서대로 설명하는

언어유창성이 부족하거나, 자신의 생각을 말로 표현하는 것이
미숙한 경우에도 말을 시작하는 것이 어려울 수 있습니다.

- 가정에서는 아동이 가정에서 놀이할 때 자신의 놀이를 어떻게 놀이
  할지 설명하고, 자신이 만든 블록이나 그림을 설명하도록 기회를 주
  는 것이 도움이 됩니다. 특히 부모가 아동의 설명을 듣고 생각나는 질
  문을 하고 아이가 그 질문에 대답하는 연습을 해보는 것도 의사소통
  훈련이 됩니다.
- 교실에서는 열린 대화로 시작하기보다는 게임이나 간단한 퀴즈 놀이
  등을 하면서 간단한 단어로 답이 분명한 것을 말하는 소통으로 또래
  관계에서 말을 시작하도록 해주는 것이 도움이 됩니다.

부모와 너무 만만하게 대화하는 경우

간혹 부모와는 거의 친구처럼 만만하게 대화하는 아동이 사회환
경에서는 또래 및 교사와 대화를 잘하지 못하는 경우가 있습니
다. 이는 부모와 대화할 때는 긴장감이 전혀 없이 대화하지만, 또
래 및 교사와 대화할 때는 막 하고 싶은 얘기를 하는 것이 아니라
생각하고 말하거나 질문에 대답을 하는 일이 많기 때문입니다.

‣ 가정에서는 부모에게 적당한 예의를 갖추고 말하도록 가르쳐주어야 합니다. 가정에 손님이 오셨거나, 부모에게 부탁할 것이 있을 때는 어떻게 말해야 할지 생각하고 표현하도록 지도하는 과정에서 교실에서 사용할 대화 방법을 배울 수 있습니다.

‣ 교실에서는 반대로 교사가 좀 더 만만하고 편안한 교사가 되어주어서 편안한 일상 대화를 나누고 가벼운 대화로 시작해 주는 것이 좋습니다. 때때로 아동과 신체놀이를 하면서 같이 소리 내 웃고, 같이 구호를 넣어보면서 자연스럽게 말을 시작할 기회를 줄 수 있습니다.

(환경요인)

친구에게 말하기를 어려워하는 경우

또래 관계에서 말하기를 어려워한다면, 우선 또래와 친근하고 익숙하게 만나왔던 관계가 있는가 살펴야 합니다. 만약, 지금까지 익숙하게 자주 보면서 대화하면서 놀이했던 또래가 없었다면, 친구와 막힘없이 이야기를 하는 관계 경험이 부족한 것이 원인일 수 있습니다.

‣ 가정에서는 한 명의 친구와 주기적으로 만나면서 서로가 친근하고 가

까운 관계가 되도록 도와주고, 서로 막역하여 대화의 막힘과 긴장이 없도록 해주어야 합니다.

▸ 교실에서는 작은 목소리와 적은 대화라도 시도하는 친구가 있다면 단짝으로 놀이할 기회를 주어 교실에서 서로 대화하면서 놀이하는 시간을 늘려주고, 격려해줍니다. 이후 또래관계를 천천히 한 명씩 더 해가며 또래관계가 확장되도록 도와줍니다.

교사에게 말하기를 어려워하는 경우

성인에 대한 긴장감이 있는 경우이기 때문에 인사를 강요하거나, 대답을 강요하기보다는 간식을 나눠먹고, 역할놀이에서 교사가 아픈 환자 역할을 하거나 도움을 청하는 역할을 하면서 교사에 대한 경계심을 낮추도록 도와주어야 합니다.

▸ 가정에서는 부모가 먼저 모델링으로 교사와 등원과 하원 시 편안하게 인사하고, 일상적 대화를 잠시 주고 받으면서 교사와 부모 관계의 친밀함을 보여주며 안전감을 조성해주는 것이 좋습니다.

▸ 교실에서는 대집단 놀이에서 교사와 한 팀이 되어 응원하고 게임에서 이기기 위해 작전을 짜고 파이팅 외치는 놀이도 교사에 대한 긴장을 낮추는 데 도움이 됩니다.

▸ 교실에서 선생님과 바로 대화를 시작하기 전에 서로 수신호를 만들
어서 인사를 하거나 눈을 깜박이거나, 고개를 끄덕이는 등의 비언어
적 신호에 맞춰서 신문지를 격파하거나, 행동 힌트로만 단어를 맞추
는 퀴즈 게임도 관계에 도움이 됩니다.

낯선 장소에서 말하기를 어려워하는 경우

장소와 환경에 대한 긴장이 높은 경우이며, 환경에 대한 불안은
결국 그 장소와 환경을 자주 가면서 노출될수록 익숙해지면서 불
안이 낮아지는 것입니다. 따라서 처음에는 낯설어서 말하기 어렵
더라도 자주 같은 환경과 장소에 노출되도록 익숙해질 때까지 같
은 장소를 경험해 보는 것이 중요합니다.

▸ 가정에서는 같은 장소를 여러 번 가면서 반복적 경험을 통해 결국 익
숙해지고 불안이 낮아진다는 것을 경험시켜 주어야 합니다.

▸ 교실에서 가장 안전한 장소를 만들고, 그 장소에서부터 친구와 놀이
하고 교사와 대화하는 시간을 늘려 나가며, 점차 실내 놀이터, 실외
놀이터, 강당으로 장소 적응을 넓혀 나가는 것이 필요합니다.

가정과의 연계 자료

아동의 나무 이야기

❀ **나무를 그려주세요.**

❀ **아동에게 질문하고, 대답을 적어주세요.**

- 이 나무의 나이는 몇 살이니?
- 이 나무는 어디에 있는 나무이니?
- 이 나무가 잘 자라려면 무엇이 필요할까? 물, 햇빛, 바람, 흙
- 이 나무 곁에는 어떤 것들이 있니?
- 이 나무를 돌봐주는 사람은 누구이니?

부모님께서 아이의 나무그림을 보고 느끼며,
우리 아이에게 현재 필요한 것은 무엇일까요?

허용과 수용 구분된 가르침

❀ 허용과 수용을 구분하여 가르쳐주세요.

- 허용 : 허락 청하는 일을 하도록 들어주는 것하여 너그럽게 받아들임
- 수용 : 어떠한 것 모양, 특성을 받아들이되, 잘못된 요구방법과 행동은 교육함

교실에서 허용하는 것 → 교실에서 수용하는 것

교실에서 허용하는 것

- 놀이하다가 쉬고 싶다고 하면, 쉬는 영역에서 따로 누울 수 있게 한다.
- 놀이하다가 다른 놀이로 선택을 바꾸려고 하면 바꾸도록 허용한다.
- 식사를 할 때 조금 먹고 싶어 한다면 아이가 먹을 수 있는 만큼의 식사 양을 제공하여 허용한다.

교실에서 수용하는 것

- 놀이하는 공간에서 엎드려서 놀이하려고 할 때 쉬고 싶은 마음은 수용하나, 쉬고 싶으면 쉼 영역으로 이동하도록 한다. 쉬고 싶은 것이 아니면 일어나 앉아서 놀도록 한다.
- 놀이하다가 놀이를 바꿀 때는 바꾸는 것은 수용하나, 꼭 정리를 먼저 하고 이동하도록 교육한다.
- 아이가 식사를 먹기 싫어한다면, 먹기 싫은 마음은 수용하지만, 기본적인 양은 꼭 먹도록 지도한다.

집에서 허용하는 것 → **집에서 수용하는 것**

위 교육기관의 허용과 수용적 규칙을 보면서
가정과 가장 다른 점은 어떤 것일까요?

신호등 규칙으로 일관된 규칙 만들기

아동이 가정 규칙을 이해하기 쉽도록 신호등에 비유하여 설명해줄 수 있습니다.

- 빨간 불은 교통 규칙에서 절대 차가 움직이면 안되고, 멈춰야 하듯이 부모가 규칙을 얘기 했을 때, 행동을 즉각 멈춰야 하는 규칙입니다.

- 노란 불은 자동차를 천천히 멈출 준비를 하도록 안내해듯이 부모가 설명하면, 스스로 행동을 멈추려고 노력하는 규칙입니다.

- 초록 불은 자동차가 가고자 하는 방향대로 운전하면 되듯이 부모가 허락하는 장소와 환경 내에서 아동이 하고 싶은 것을 하면 됩니다.

부모님께서 서로 상의하여 가정 규칙의 체계를 잡아주세요.

빨강불	식사가 시작 하면 마칠 때까지 앉아 있는다.		
노랑불	식사를 할 때 물을 마실 때만 일어날 수 있다.		
초록불	식사를 마친 뒤에 하고 싶은 놀이를 한다.		

아이의 발달과 어려움을 이해하기 위해
할 수 있는 다양한 검사 소개

아동의 발달이 늦다면, 막연히 늦다고 기다리는 것이 아닌 발달적 촉진이 필요합니다. 발달은 경험을 통한 숙달과 새로운 정보의 학습입니다. 아동 내면에서 자신이 가지고 있는 능력을 발휘하고, 주변 사물을 인지하고, 경험을 통해 방법과 기술을 터득합니다. 성취 경험이 많이 축적될수록 아동의 자신감은 자연스럽게 발달됩니다. 이 때 발달이 일어나려면 내적 자극동기, 욕구도 필요하고 외적 자극놀이 지도, 놀이 촉진, 설명해주는 말, 가르침, 연습이 필요합니다. 내외적 자극과 아동의 행동이 없이 발달은 향상되지 않습니다. 이를 위해서는 먼저 현재 아동의 상태기질, 발달, 심리 등를 인식해야 합니다.

❶ 기질검사를 통해 아동의 기질적 특성을 알아봐주세요.

❷ 나무 그림검사를 통해 아동의 심리적 특성을 파악해주세요.

❸ 종합적인 발달검사를 통해 아동의 발달상태를 확인해주세요.

아동의 발달 이상 및 심리 이상을 확인하기 위해 검사가 필요한 경우 교사가 직접 아래 검사K-CDI를 실시해보는 것을 권합니다. 검사를 통해 1학기와 2학기 교사의 교육에 따른 아동의 변화를 살피고 분석한 다음에 부모에게 보다 구체적인 교육 가이드를 제공할 수 있습니다.

영유아의 경우, K-CDI 검사는 현재 연령을 기준으로 전체 발달 수준을 확인할 수 있습니다. 발달검사 결과를 보았을 때, 각 영역에서 발달수준이 경계 및 지연수준에 해당된다면 전문적인 발달치료 개입이 필요합니다. 1학기와 2학기에 발달검사를 실시했을 때, 발달의 변화가 없고 경계 및 지연 수준에 해당되는 발달영역이 있다면, 부모님께 발달검사결과를 토대로 전문적인 개입을 안내해야 합니다.

유아기 아동의 경우, 또래에 비해 전반적으로 모든 발달능력이 느리고 문제가 있는 경우, K-WPPSI-IV 지능 검사를 통해 부분적으로 사회성과 정서발달 지연 문제인지, 지능낮은 인지기능 문제로 인한 발달지연인지 확인할 필요가 있습니다.

학령기 아동의 경우, K-WISC-V 지능 검사를 포함한 종합 심리검사를 통해 아동의 기질, 지능, 심리, 양육문제를 종합적으로 확인하고 진단할 수 있습니다. 아동의 기질적 문제로 인한 발달적 어려움인지, 인지기능지능 및 심리적 문제를 구분하여 확인하고 진단 및 정확한 심리치료적, 교육적 방향성을 잡을 수 있습니다. 특히 학령기 아동이 교실에서 부적응 문제 및 불안이나 우울을 심하게 보이는 경우 종합심리검사풀배터리가 필요합니다.

아동의 행동이 단순한 어려움을 넘어 문제행동 수준에 가깝다면 문제행동의 유형과 강도를 파악하기 위한 CBCL Child Behavior Checklist for ages 1.5-5 검사가 도움이 됩니다.

참고

아동용

K-WPPSI-Ⅳ Wechsler Preschool and Primary Intelligence, WPPSI

- 36개월~7세 사이 웩슬러 지능검사, 다양한 인지 능력을 평가하는 검사

K-WISC-V Korean-Wechsler Intelligence Scale for Children-V

- 만 6세~만16세 사이 웩슬러 지능검사, 다양한 인지 능력을 평가하는 검사

부모용

K-CDI infant Korean-Child Development Inventory for infant 부모용

- 0~24개월 사이 영아의 영역별 발달 진단

K-CDI Korean-Child Development Inventory 부모용/교사용

- 15개월~만 6.5개월 사이 아동의 영역별 발달 진단

CBCL Child Behavior Checklist for ages 1.5-5 유아 행동평가척도 부모용

- 영유아의 정서 및 행동문제 및 언어발달을 포함한 문제행동 진단

기질을 적용한 교실 정원

STA 기질교육중재전문가 가이드북

초판1쇄 발행 2026년 1월 13일

지은이 최은정
기획 정강욱, 이연임
편집 백예인
디자인 한이슬
출판 리얼러닝
주소 서울시 마포구 어울마당로1길 18, 2층
전화 02-337-0333
이메일 withreallearning@gmail.com
출판등록 제 406-2020-000085호

ISBN 979-11-991584-8-1